実話怪談

奇譚百物語

丸山政也

竹書房文庫

目次

一　鷹の置物

建築士のBさんから聞いた話である。

七年前のある日、Bさんの父親が旅先の骨董屋で鷹《たか》の置物を買ってきた。かなり大きなもので、重さも四十キロほどある。木彫りのようだが、古いものなのか黒光りしていた。

「名前はわからんが、有名な木彫家の作に違いない」

そう父親はいった。値段は明言しないが、かなり破格であったそうだ。

鷹は大空の覇者《はしゃ》であり、その爪は幸運を掴み、鋭い眼光は邪気を祓《はら》うというので、鷹の置物は縁起物とされている。

父親はそれを床の間に置き、時間さえあるとよく眺めていた。

そんなある日、父親が帰ってきて、交通違反で切符を切られたと嘆いている。またある日は、駐車場に停めていた車に傷を付けられた。また別の日には、一時停止中に後ろから突っ込まれ、むち打ち症になってしまった。

車に関するトラブルが二日に一度は起きる。尋常ならざる事態にBさんは心配して、

「親父も歳なんだから、もう運転やめれば。鷹がうちに来てから、なんかおかしくないか」

するとと、父親はむきになって、

「大難が小難で済んだんだ。鷹のご利益かもしれんだろう」

そういって取り合わない。

数日後、父親の古い知人が訪ねてきた。和室に通すなり、床の間に駆け寄って、鼻もつかんばかりに鷹の置物を眺めている。これはどこで手に入れたのか、と訊くので事情を話すと、倍払うから譲ってくれないか、と頼まれた。作者や価値などどうでもいいが、ひと眼見るなり気に入ってしまったというのである。父親は困惑したが、息子にいわれたことが心にあったのか、知人に売ることにした。ふたり掛かりで車に載せると何度も礼を述べて帰っていった。

「それから何日かして、その知人の娘さんから電話が来たんです」

知人が心筋梗塞で急死した報せだった。健康を絵に描いたような男だったので、父親は甚《いた》く愕《おどろ》いたようだった。急いで家に駆けつけると、知人は冷たくなって布団に寝ていた。その顔は決して穏やかとはいえないものだった。

床の間を見ると、今にも飛び上がらんばかりに翼を広げた、例の鷹の置物が置かれている。心なしか、更に黒光りしているように思えた。

鴉《からす》のようにも見えたという。

二　八珍柿

新潟県に住むSさんの話である。

昭和三十五年のことだという。

Sさんの隣家に一本の柿の木が生えていた。幼い頃、その木に成った柿を枝で落として口にしたことがあった。しかし、渋くてとても食べられたものではなかった。

親にそれとなく尋ねると、「あれは八珍柿《はっちんがき》だで、そのままじゃ食えねえさ」といわれた。

そんなある日、隣家の親仁《おやじ》が病気を苦にして自殺した。柿の木の一番低い枝に紐を掛けて首を吊ったのである。

第一発見者はSさんの母親だった。早朝、漬け物を取りに台所の勝手口から外に出たところ、枝にぶら下がっている隣家の親仁を見つけたのである。その後、隣家は空き家のまま放置されていた。

翌年の秋。

友達が遊びに来て、空き家になった隣家のなかに入ってみようといった。

断りたかったが、弱虫呼ばわりされるのも癪《しゃく》に障《さわ》り、厭々ではあったが、両親の眼を盗んで入ってみた。鍵は掛かっておらず、特に興味を惹かれるものはなかった。元より初老の独り寡《やもめ》が住んでいた家である。子どもにとって面白いものなどあるはずがない。

なんだつまんねえな、と友達はいい、庭に出ると、まっすぐ柿の木の下に向かった。

「そこで跳ぶと、柿をひとつもいだんですわ」

友達は拭きもせず、がぶりとそのまま頬張った。

「うわっ、これ甘《あめ》え。こんな美味い柿、食ったことねえ」

――うそだ、渋柿だったはずなのに。

信じられないというより、気味が悪かった。無心になって友達が食べているのを、彼はただ黙って見守っていた。

家族のために五つ、友達は家に持ち帰ったそうである。

三　ライター

大型トラックの運転手Rさんの話である。

その日、Rさんは中部地方のある高速道路を走っていた。

トイレに行きたくなり、パーキングエリアに立ち寄って用を済ませた。一服しようと缶コーヒーを買い、喫煙所に向かう。

煙草を咥《くわ》えたところで、車のなかにライターを忘れてきたことに気がついた。取りに戻るのは面倒だが仕方ない、とそう思ったところに、壁際で煙草を吸っていた男性が、これどうぞ、とライターを差し出してきた。橙《オレンジ》色の百円ライターである。ふたつあるので要らないのだという。もらうのはなんだか気が引けたので、火だけ点けるとライターを返した。

しばらく紫煙をくゆらせていると、火を貸してくれた男性が、ちょこんと頭を下げて喫煙所から出て行った。

「あ、どうも――」

そのとき、男性が立っていたところの壁に、小さな貼り紙があることに気がついた。近づいて見ると、交通事故のよびかけポスターである。

『死亡ひき逃げ事件発生！　犯人逮捕に結びつく情報提供をお願いします』

そう書かれている。事故のことはよく憶えていた。犯人はまだ捕まっていないのか――。

ポスターには事故で犠牲になった被害者の写真が印刷されていた。事件当夜の○○さんの服装、とある。それを見た途端、Rさんは凍りついた。

臙脂《えんじ》色のミリタリージャケットに厳ついブーツを履いた若者。先ほどライターを貸してくれた男性ではないか。

慌てて振り返ったが、先ほどの男性の姿はどこにもなかった。僅《わず》か十秒ほどの間の出来事である。

「あのとき、ライターもらわなくてよかったなって。えっ、なんか厭でしょ。でも、犯人は早く捕まってほしいよね」

太い腕を組み直し、溜め息を吐きながらRさんはそういった。

四　プリクラ

百貨店に勤めるTさんの話である。

十年ほど前のある日、Tさんの売り場に鞄《かばん》の修理が持ち込まれた。書類用のブリーフケースで、白髪混じりの中年の男性客だった。

工房へ出す前になかを検《あらた》めていると、内ポケットにプリクラが一シート入っている。鞄を持ち込んだ男性と女が頰を寄せて写っているのだが、女の顔だけが絞った雑巾《ぞうきん》のようにひどく歪んでいる。十六枚の画像すべてが同じようになっていた。そういう加工なのかと思ったが、それにしては奇妙だな、とTさんは感じた。とあって、顔立ちはよくわからないが、洋服の感じから男性とは不釣合いに若い女のように見えた。

修理品のなかに残留物がある場合、修理明けまで保管しておき、戻ったら元の場所へ入れて客に返す規則なので、Tさんはそれを封筒に納めて引き出しにしまっておいた。

二週間後、修理工房から鞄が戻ったので客に電話を掛けると、妻と思われる女性が出て、主人は亡くなった、という。

「鞄はもう要りませんから、そちらで勝手に処分してください」

そういわれ、一方的に電話を切られてしまった。よって、修理代金も回収することができなかった。封筒を開けてプリクラを見ると、女の顔は歪んでなどいなかった。

若作りした不美人な中年の女が写っていたそうである。

五　作家の死

友人のC君が信州・白馬の旅館に泊まったときのこと。

夜中に寝ていると、突然金縛りに遭った。どうやっても躯《からだ》が動かない。それでも瞼《まぶた》だけは開けられるようだった。周囲を見廻すと、文机《ふづくえ》にうつぶせになっているひとがいる。男だ。

どうやら寝ているようである。丸くなった背中が見えるだけで、顔は見えない。

畳の上には、くしゃくしゃになった紙のようなものが散乱している。

なんだろう、これは——。

そんなことを思いながらも、よほど疲れていたのか、C君は再び眠ってしまった。

翌朝起きると、畳の上に紙のようなものはない。いたって綺麗に片付いている。もちろん男もいなければ文机もない。考えてみれば、昨日部屋に通されたとき、初めからそんなものはなかったのだ。

これはもしや、と仲居に尋ねた。

「この部屋に、小説家——あるいは文豪のような方が泊まったことはありませんでしたか」

そう訊くと、仲居はなにもいわず、慌てたように奥へ引っ込んでしまった。するとほどなく番頭がやってきて、深々と頭を下げながらこういった。

「ご立派な方にお泊りいただきますと、普通はそれを売りにできるものです。ええ、しかし、手前どもはどうもそういうわけにはいかないようでして……。この度はお客様に大変失礼を致しました。しかし、あいにく他のお部屋はすべて埋まっておりまして——」

はっきりとはいわないが、なにか過去にあったような素振りだった。それで昨晩の出来事を話し、執拗に尋ねた。すると——。

以前、その部屋の宿泊客で自殺した者がいたという。ただし、部屋で死んだのではなかった。近くの断崖から飛び降りたそうである。

たしかに男は作家であったが、まったく無名な詩人だったという。

六 名もなき母子

近所の石材店に幽霊が出るという。

就学前と思《おぼ》しきひとりの女児と、三十代前半と見える女性——一組の、母子の霊である。

作りかけの燈篭《とうろう》の後ろ、字彫り前の墓石の横に、ふたりは手を繋いで立っているそうだ。

最初に見たのは、この店の社長でも従業員でもなく、Hさんという一見客の男性だった。

五年ほど前。

庭石の相談に来たHさんは、この母子を店の人間と思い込み、声を掛けた。が、うんともすんとも答えない。

「なんだよ。ずいぶんとまた愛想のねえ」

その母子へ近づくやいなや、冷水を浴びせられたように一気に怖気《おぞけ》だった。

女児は、下着一枚の姿である。母に手を引かれ、まんじりともせず、じっと俯《うつむ》いている。

母親は、もうこれ以上は無理というぐらいに口角を上げて、——嗤《わら》っていた。

が、その眉間《みけん》は怒りに満ちたかのように深く皺《しわ》が刻まれている。瞳も憤怒のそれであった。

だが、その視線はHさんに向けられているのではない。ついぞ出会ったことのないほどの、ひどい斜視である。自分自身なにを見つめているのか、わかっていないのではないか。

そんな眼差しだったという。それに——。

母子の脇の墓石には、ふたりの姿が映っていない。黒御影《くろみかげ》なので、角度からすれば当然、映り込んでいなければおかしいはずだった。

それだけではない。ふたりには色というものがない。着ている洋服も肌の色も、モノトーンの白と黒、その二色だけで構成されている。

この世のもんじゃねえ。

すぐにHさんはそう思ったという。

その日を境に、母子の幽霊を見る者が現れはじめた。二ヶ月に一度はそんな話が出るそうだ。しかし社長をはじめ、店の者は誰ひとりとして、母子の姿を見たことがないという。

七　三河屋の主人

大学講師のBさんの話である。

今から三十年ほど前のことだという。そのとき、Bさんは小学四年生だった。

朝、学校へ行くため玄関で靴を履いていると、母親に声を掛けられた。

「小学校の近くに三河屋という酒屋があったんです。学校から帰るとき、そこのおじさんにいつも注文している醤油《しょうゆ》と食用油を持ってきてくれるように伝えてくれと――」

しかし、Bさんは三河屋に立ち寄るのを忘れて、そのまま帰宅してしまった。そして自転車に乗って塾に向かった。授業中に母親からの頼まれごとを思い出したという。

「ヤバい怒られちゃう、と思うと、授業なんて上の空で。でも、終わったらすぐに猛ダッシュで向かえば間に合うかなと。塾から三河屋まで自転車で十五分ほどでしたから」

授業が終わり、教室の壁掛け時計を見ると夕方の十八時である。

いつもなら友達と喋ったり買い食いしたりして帰るのだが、その日ばかりは誰とも口をきかず、一目散に塾を飛び出した。

すでに陽は落ちかけ、辺りは夕餉《ゆうげ》の匂いがたちこめている。立ち漕ぎで自転車を飛ばした。

三河屋の前に差し掛かったBさんは、思わず声を漏らした。

「店のシャッターが降りていたんです。たしか夜は十九時までやっていたはずなんですけど。もしかして、その日は休みだったのかなって思ったんですが――」

店の前にジュースと煙草の自動販売機が二台並んでいる。その脇に三河屋の主人が立っていた。なぜか顔だけ俯《うつむ》いているが、腰に三河屋のマークが描かれたデニム地のエプロンをしているし、間違いない。

ちょうど店を閉めたところだったのか。そう思い、自転車に乗ったまま三河屋の主人に、こんばんは、と挨拶をした。が、聞こえていないのか、顔をまったく上げようとしない。じっと俯いたまま、自販機の真横に立っている。おかしいな、と思いながら自転車を降り、近づきながら、あのすいませんッ、と先ほどより大きな声でいった。すると――。

頭を上げた。が、その顔色が異様だった。たしかに煌々《こうこう》と灯りの点いた自販機が真横に立っているが、紫色と黄色を混ぜ合わせたようなマーブル状になっている。それが『ウルトラQ』のオープニングよろしく、渦を巻いて動いていた。

が、気が急《せ》いていたこともあり、深くは考えず、母親から頼まれたものを主人に伝えた。

「すると、なにも答えずに店と繋がっている自宅のほうに行ってしまったんです。心ここにあらずという感じで。ちゃんと伝わったのか、不安だったんですが――」

夕食時、三河屋へ行ってきたことを告げると、母親は眼を瞠《みは》ってBさんのことを見つめた。

「あんたなにいってんの、というんです。三河屋のおじさん死んじゃったんだよ、って。その日、配達中に事故に遭って亡くなったというんです。だから店はやってなかったでしょう、と。だとしたら、僕が会ったのは一体誰だったんですかね」

その翌朝。

母親の絶叫する声でBさんは目覚めた。急いで声のした台所のほうに向かう。

キッチンの床の上で母親は腰が抜けたようになっていた。駆けつけた家族に向かって、勝手口の三和土《たたき》に置かれているダンボール箱を必死に指差している。それを覗き込むと――。

醤油や食用油が、天地めちゃくちゃに何本も放り込んだように入れられていた。昨日、三河屋の主人に頼んだものだった。その隙間という隙間には、注文していない乾物類や煎餅のパックが挟まっている。そして箱の一番下には――。

どろどろに溶けたカップのアイスクリームが、半分口が開いた状態で、ぎっしりと敷き詰められていたという。

八　車椅子

染色工のTさんは三年前にオートバイ事故を起こし、両足を骨折する重傷を負った。自力では移動できないので、車椅子を使うことにしたという。

当初はレンタルで済まそうと考えたが、台数や利用期間に限りがあるため、どうせなら一台持っておこうということになり、両親が近所のリサイクルショップで自走式の車椅子を見つけ、買ってきたそうである。

若さもめってか、数ヶ月で元のように歩けるようになり、Tさんは車椅子生活を終えることができた。が、その年のうちに今度は父親が脳出血で倒れた。一命は取りとめたものの、後遺症で歩行困難となり、Tさんが使っていた車椅子を使うことになった。

すると次は母親が、米袋を持ち上げた拍子に椎体《ついたい》を骨折してしまった。椎体とは背骨のことである。病院で調べた結果、骨粗鬆症《こつそしょうしょう》だったという。車椅子は父親が使用していたが、殆《ほとん》ど寝たきりのようになっていたので、母親が使うことになった。

「信じられますか。これ全部一年半ぐらいの間に起きた出来事なんですよ。あの車椅子が家に来てから。さすがに気味が悪いので、いいかげん新品に買い換えようかなって――」

Tさんには四国に嫁いだ妹がいるそうだが、くれぐれも帰ってこないようにいっているそうである。

九　皆既日食

保険の代理店を営むEさんの話である。

二〇一六年の春、Eさんは恋人を連れて、皆既《かいき》日食を観るためにインドネシアに行ったという。

スマトラ島の西に位置する北パガイ島のマカロニリゾートの浜辺で、恋人とその時刻になるのを待っていた。

世界に名だたるリゾート地とあって、現地のひとよりも欧米人が眼につく。早朝というのに、すでに多くのひとたちが集まってきていた。パイプ椅子に座る初老の男と痩せた犬。空を仰ぎ見ながら砂浜に寝そべるカップル、陽気におどける若者たち。

次第に暗くなってくると、周囲にどよめきが起きた。そして、急な沈黙。太陽を見ると、見事なまでの皆既日食である。気温が急激に下がるのを感じた。

くーん、と犬がひと声啼いた、そのとき——。

波打ち際から、ざぶっ、ざぶっ、ざぶっ、と音が聞こえてきた。誰かが浜に上がってくるような音なので、そちらを見やると、全身ずぶ濡れになったひとたちが、疲弊したように力なく浜辺のほうに向かってくる。それは数えきれないほどで、日食で網膜がやられてしまったのかと一瞬、彼は思った。恋人はまったく気づかない様子で、日食グラス越しに空を眺めながら、すごいねぇ、と呟いている。

ずぶ濡れのひとたちはブラックライトで発光する物体のように蒼白い。それが次々とこちらのほうに向かってくるのを、彼は黙って見守ることしかできなかった。

再び明るくなるのと同時に、海を歩くひとたちは景色に溶け込むように、ひとり残らず消えた。一体、自分はなにを見てしまったのか。日食が見せた幻覚なのだろうか——。

自分の見たものを恋人に話してみたが、なにいってるの、と笑うばかりで、取り合ってはくれなかった。

島を離れる日、現地の知人にあの日のことを告げると、二〇〇四年に起きた大地震の津波によって、その海岸で多くのひとが亡くなったことを知らされたそうである。

十　赤線地帯

会社員のWさんは、インターネット黎明《れいめい》期にホームページを運営していたそうである。それは「旧赤線地帯を探訪する」という内容だったが、カメラが趣味とあり、全国各地の遊郭《ゆうかく》跡地を巡っては、今なお残る私娼街の雰囲気や妓楼《ぎろう》建築などを撮影し、アップしていたのだという。現在のような凝ったホームページではなかったが、珍しかったこともあり、アクセスは多かったそうだ。

そんなある日、Wさんは岐阜県のある遊郭跡地を訪れた。その辺一帯は現在も風俗店や旅館などが軒を連ね、往時の面影が色濃く残っている。至るところにお茶屋建築やカフェー建築など、それらしい建物が眼につき、心の裡《うち》で感嘆の声をあげた。興奮しながら一眼レフのカメラで写真に収めていく。

するとそのとき、一軒の古い家屋が視界に入った。カラフルなタイル張りの玄関や二階の手すりの装飾などから、「ちょんの間」と呼ばれる売春宿に違いなかった。もちろん今では営業していないが、住む者もいないらしく、貸物件の看板が玄関扉に貼られている。

「趣がすごくあったから、何枚もシャッターを切ったんだよね」

ひと通り歩き廻ると、自宅に帰って、早速ホームページに写真をアップした。すると、数時間のうちにコメントが何件も寄せられている。

「二階の窓に写っている女性がすごく素敵ですね、まさかまだ営業してるんですか、なんて書いてあるので、慌てて見てみると――」

二階の飾り窓に若い女が写っていた。それも窓から顔だけ外に出し、こちらに向かって晴れやかに笑っているではないか。

カメラを構えたとき、そんな女はいなかったし、窓も閉まっていたはずだ。まるでその女を被写体に焦点を合わせたように写真中央に写っているのが不思議でならなかった。もしそんな人物がいたのなら、さすがにわかるだろう。それに、なぜアップするとき、自分は気づかなかったのか。

コメントに返信もせず、すぐに写真をホームページから削除し、カメラのメモリーからも消去した。しかし、女の屈託のない笑顔をWさんは今でも忘れられないという。

十一　ホスト狂い

埼玉県でホストをしているTさんの話である。

Tさんの勤務する店にY美という女性の常連客がいた。歳は二十一と自称しており、たしかに若いのは違いないが、金の使い方が尋常でなかった。キャバ嬢をしているとのことだったから、誰かに囲われていい生活をしているのだろうと店の者は噂した。

そんなY美であったが、ある頃を境に、服が今まで以上に華美になり、露出が増えた。それに反するように額や頬、胸元や背中にまで赤黒く膿んだ吹出物ができているが、本人はまったく気にしていないようだった。いくらか丸みを帯びたようでもある。酒の呑みすぎだろう、とTさんは思っていた。

そんなある日、ホスト仲間のOさんがY美にアフターに連れ出され、彼女の自宅に行くことになった。Oさんは店一番の人気ホストだったが、太客であるY美と関係を持つことを積極的ではないが、仕方がないことと腹を決めていた。

てっきり瀟洒《しょうしゃ》なマンションかと思っていたら、築四十年は経っていそうな陰気な団地だった。Oさんにしなだれかかりながら Y美が鍵を開けると、鼻をつまみたくなるほどの異臭が漂ってきて、一気に酔いが醒めた。見れば、狭い玄関にごみ袋がいくつも置かれ、汁に黴《かび》の生えたカップラーメンの容器や洗っていない食器類、雑誌や菓子袋、洋服などが散乱し、足の踏み場もないほどだった。

そのなか、「ママ、ママ、ママー!」と子どもの泣き叫ぶ声が聞こえてくる。

——おいおいマジかよ、この女、頭おかしいんじゃねえのか……。

急に用事を思い出したふりをし、Oさんは逃げ帰るように店に戻った。

後日、Y美が内縁の夫と子どもを殺した罪で逮捕された報道が流れ、店の者は皆愕然とした。報道を聞いてOさんがなにより愕《おどろ》いたのは、Y美の自宅に連れていかれたときには、とっくに子どもは殺されていたらしいことだった。

十二　花壇

居酒屋に勤めるW子さんは以前、親戚の所有するマンションの一階に住んでいたが、暮らし始めて二年のうちに三度飛び降り自殺があったという。

一階とあって、第一発見者はいつも彼女である。最初の頃は大騒ぎしたものだが、三度目ともなると、落ち着いたものだった。しかし一番厭だったのは、その三回すべてが、猫の額ほどの彼女の花壇に落ちたことだった。

「花を育てるよりマットでも引いたほうがいいんじゃないかって、真剣に考えました」

マンションの屋上は鍵が掛かっていたが、皆それを壊して入り、そこから身を投げたようだった。

「どうしたら、ピンポイントでそこに落下するのかが、わからないです」

そうW子さんは語る。

十三　指差す男

交響楽団に所属するYさんの話である。

Yさんが小学四年生の頃、遊び場の空き地へと向かう林道に、二十代前半ほどの男性がよく立っていた。週に三度は見かけるのだが、その度、彼女へ訴えかけるように自分の足元の湿った窪地を指差している。

若者は端正な顔立ちをしているが、その肌が異様に白い。それは色白などという言葉で形容できる程度ではなかった。

「こんな喩《たと》えはよくないかもしれませんが――」

慎重に言葉を択《えら》びながらYさんは続ける。

「強いていえば、そうですね、……アルビノのひとみたいな感じだったんです」

髪の毛も肌と同じく白髪なのだが、一点の曇りもなく、純白といっていいほどの鮮やかさだった。しかし男が老人でないことは、洋服や身のこなしなどではっきりとわかった。

若者を見かける度、Yさんは一目散にその前を駆け抜けた。なぜかといえば――。

「最初に見かけたとき、なんだろうって、そばまで近寄ったんです。でも、眼の前にいるのにまったく見えていないみたいで、私を透かした感じに、ずうっと遠くへ向かって訴えているんです。もの凄く必死な顔で。それで気味が悪くなってしまって」

明確な時期は覚えていないが、いつのまにか若者の姿は見かけなくなった。その後はすっかり男のことは忘れていたそうだが――。

後に成人してから幼馴染《おさななじみ》との会話のなかで、三十年ほどまえに例の窪地の場所から死体が発見された事件があったことを知った。三十年前というと、Yさんが小学四年生だったときから更に十年遡ることになる。

警察発表によれば、仲間割れで私刑《リンチ》に遭った若者が殺されて窪地に埋められたという。埋めたのが浅かったのか、野良犬が死体を食い散らかしたことで事件が発覚したそうだが、それからほどなく犯人たちは皆逮捕されたとのことだった。

ちなみにYさんの見た若い男を、幼馴染は林道で一度だけ見かけたことがあったという。が、そのときは指を差しておらず、地べたに土下座していたそうである。

十四　喪中はがき

五年前の年の瀬、Rさんが年賀状をしたためていたときのことだという。

知人のTさん宛てに書こうとしたところ、最近Tさんから喪中はがきが送られてきたことをふと思い出した。たしか喜寿《きじゅ》を迎えたばかりの父親が亡くなったはずである。

一応、喪中はがきを探してみるが、どこにも見当たらない。捨てた記憶はないが、無意識のうちに処分してしまったのかもしれなかった。

それから数週間経った、元旦の朝。

ポストを覗くと、何枚か年賀状が入っている。すると、そのなかの一枚がTさんからのものだった。

――あれ、喪中のはずなのに。そういうのに拘《こだわ》らないのか。しかし出していいものかな。

悩んだ末、共通の知人にそのことを話してみた。すると、Tさんの父親は健在だというではないか。先日もTさんの家で行われたバーベキューに呼ばれ、一緒に食事をしたばかりだという。急いで彼はTさん宛に年賀状を出した。

自分の記憶違い以外のなにものでもないが、それにしてはあまりにも鮮明な記憶である。Rさんは不思議でならなかった。

その年の初冬。

Tさんから喪中はがきが送られてきた。父親が亡くなったのだという。

しかし、去年のこともある。もしかしたらこの喪中はがきも偽物、――いや幻かもしれない。そう思った彼は、探るようにTさんに電話を掛けてみた。

その結果、父親が亡くなったのは事実であるのがわかったそうである。

十五　峠道

左官工のHさんの話である。

十五年前の初夏のある日、Hさんは友人ふたりとオートバイでツーリングをしていた。

といっても、遠出をしたのではなく、地元の峠道をひたすら走るのである。当時、暇を持て余していた彼らの日課のようなものだったという。

いつものように峠のカーブ道を走り終え、麓《ふもと》に下りる。そこからは街なかに向けて国道が延びており、彼ら三人は速度を上げた。友人ふたりは中型バイクだったが、Hさんの単車は原付だった。リミッターカットしたうえに吸排気系とミッションも手を加えていたので、原付といえども時速百キロ近くまで出すことができる。

田舎の一本道。

我が道とばかりに三人はアクセルを吹かす。中型バイクのふたりは後ろに付き、原付のHさんを前に行かせる形で走っていた。——と、そのとき、

「うわッ」

原付の前輪と後輪の間から突然猫が飛び出したかと思うと、たたたたたッ、と眼にも留まらぬ速さで右斜め前方に走り去り、ガードレールを跳び越えていった。

轢《ひ》いた感覚はない。このスピードでぶつかっていたら、こちらも転倒するはずである。前輪と後輪の間をうまくすり抜けたのだろうか。しかし、そんなことがあるものか。

——あの動きを見ると無事なんだろう。もし轢いていたら後味悪いからな。

気が動転していたので、一服つけようと国道沿いのコンビニエンスストアに立ち寄った。

すると中型バイクのうちのひとりがヘルメットを取りながら、おまえさっき猫轢いただろ、とHさんにいってきた。

「轢いてねえよ。前輪と後輪の間をうまくすり抜けてったみたいでさ」

そういうと、友人は眉を顰《ひそ》め、腑《ふ》に落ちないような顔をした。いわれてみれば、原付からなにかが飛び出していったが、バイクに衝突するところは見ていない、と友人。

それに——。

「猫ってあんなに速く走れるもんかな。あのときお前のバイク百キロ近く出てただろ」

そういわれて、たしかにその通りだ、とHさんは思った。

自宅に帰り、猫の足の速さを調べたところ、俊敏な猫でも時速五十キロ未満とあった。

「それの倍近い速度ですから。いや、俺のバイクを追い抜いていきましたから、もっとですよね。でも、あの後ろ姿は猫としか思えなかったんですが——」

いまだに不思議でならないという。

また後日、こんなことがあった。

その日、Hさんはひとりで峠道を走っていた。すると、森林のなかをバイクと併行するように大きな生き物が動いているのが視界に入った。

鹿のようだった。こちらを意識しているのか、急な勾配や立ち木をもろともせず、競うように走っている。そのとき、前を走っていた鹿がふと立ち止まった。擁壁《ようへき》の縁から道路を見下ろしている。その姿を目の当たりにした瞬間、ああッ、と思わず声を漏らした。

たしかにそれは鹿に思われた。下半身だけは――。

その上半身は紛れもない人間、胸毛が密生した成人男性のそれだった。

謎の生き物もHさんの顔を見るや否や、ひどく愕いた表情をしていたという。

十六 鳥肌

金融関係の営業職に就くN子さんの話。

盛夏の、ある日の午後のこと。

N子さんは得意先回りのため、駅のプラットホームに立っていた。茹《ゆ》だるような暑さに閉口し、手を団扇《うちわ》のようにしながら鞄からハンカチを取り出す。額に滲《にじ》んだ汗をそっと抑えた。スマートフォンで気温を調べると、三十七度と表示されている。

暑くて堪らない。早く冷房の効いた車内に入りたい。まだ電車は来ないのかしら。

と、そのとき。

「くつが、ない……」

耳元で囁く声が聞こえた。低い男の声。振り向くが、そばには誰もいない。少しも寒くないのに、ぶわっ、と全身に鳥肌が立った。夜、彼氏に抱かれるまで治まらなかったという。

十七　夜泣き

システムエンジニアのBさんの話である。

十年ほど前、Bさんが借りていたアパートの隣室に二十代前半の若夫婦が住んでいた。

そのふたりにある日、男児が誕生した。母親似の、大きな瞳の愛らしい赤子だった。

その子どもの夜泣きがひどかった。新生児の頃は微笑《ほほえ》ましく感じたものだが、成長するにつれ、声も大きくなっていく。

仕事柄、自宅に作業を持ち帰ることが多かったので、夜中の集中しているときに泣かれると思考が中断され、それきり仕事にならない。大抵一時間は泣き止まない。長いときは二時間泣き通しということもあった。普通泣き疲れると寝てしまうものだが、なぜだろうとTさんは思った。

安普請《やすぶしん》のアパートとあって壁が薄く、まるで同じ部屋のなかで泣かれているような気分になる。苦情のひとつもいいたかったが、あどけない子どものすることだ。若夫婦もきっと困っているに違いない。ふたりはいたって善良なひとたちで、会えばにこやかに挨拶をしてくる。実家から食べきれないほど果物や野菜が送られてきたと、Bさんにお裾分けを持ってくることも度々あった。そんなこともあり、文句などとてもいえたものではない。

自分も幼い頃は団地暮らしであったし、同じように泣いたはずだ。それにいつか結婚して子どもができたら若夫婦と同じ道を歩むのだろう。

仕方なく耳栓をし、パソコンに向かうようにした。が、それでも子どもの泣き声や宥《なだ》める声が聞こえてくる。嫌なら引っ越せばいいのだが、なにぶん安月給で元手がない。

「ぐっと堪《こら》えましたよ。もう少し経てば、あとちょっとで泣かなくなるだろうと思っていたんですが――」

ある日の休日、買い物から帰宅すると、隣室に訪問客がある。ドア越しにしている会話を聞くと、地域の民生委員のようだった。それ以上のことはわからなかったが、同じアパートの誰かが、幼児虐待をしていると児童相談所に通報したのではないか、とBさんは考えた。それが事実でないのは知っていたが、連日あれだけ泣いていたら、そう思われても仕方ないかもしれない。あるいは遠回しな苦情なのかもしれなかった。自分が通報したと思われたらたまらないな、と彼は思った。

それから二ヶ月ほど経ったある日、突然泣き声が聞こえなくなった。さすがに成長したのかと思ったが、生活音すら聞こえない。おかしいな、と感じていたところ――。

ある日の朝、アパートの大家である老婦人が共同部分を掃除していたので、Bさんは挨拶をした。すると、かわいそうだったわねえ、と独り言のように呟いている。なにがですか、と尋ねると、Bさんの部屋の隣室を指差しながら、

「ええ、事故でね――」

ぼそりと、そう口を開いた。

「家族でレンタカーを借りて旅行に出掛けたらしいんですが、高速道路で逆走してきた車

と衝突したというんです。逆走した老人は助かったそうですが、隣室の家族は全員——」

駄目だった。

加害者の老人が助かり、幼い子どもが被害者になった皮肉に、彼は暗澹《あんたん》たる気持ちになった。

「夜泣きがひどかったのは、近い将来、そんな事故に遭う夢を見ていたのではなかったかと、そんなふうに思うんですよね。小さな子どもですから、自分が見たものをうまく言葉にできなかったんじゃないでしょうか。それであんなふうに毎晩——」

当時、迷惑に感じていた泣き声だが、たまにあのときのことを思い出すと涙が溢れてくるという。自分にも子どもができたせいかもしれませんが、とBさんは語った。

十八 廃教会

私は二十代のひと頃、英国のロンドンに住んでいたことがあった。そのときの話である。

ロンドンもやはり冬は寒いが、大雪が降ることはめったにない。しかしその年は、例年にもまして雪が多かった。

前日の朝から降り続いた雪のため、ひとが踏み込まない場所では、膝丈《ひざたけ》ほども積もっていた。かといって、雪かきをする者はいない。

ようやく雪の止んだ日の深夜のこと――。

私の住むフラットの斜向かいに古い教会があった。

そう書けばいかにも由緒正しい、歴史あるもののように感じるが、実際には廃教会なのである。それが部屋の窓から常に見えている。庭木や塀、門扉などは完全に朽ち果てているが、石造りの建物はよほど堅牢《けんろう》なのだろう、それほど古びているようには見えない。

雪明りと僅かな街灯に照らされた教会は幽玄な雰囲気に包まれている。その景観を肴に、ひとり私は酒を呑んでいた。

するとそのとき、教会からふたりの黒衣を身に纏《まと》った婦人が、蝋燭《ろうそく》を手にしながら出てくるのが見えた。暗いうえに頭巾のようなものを被っているので、仔細には見えない。ふたりの持つ蝋燭の火で、かろうじてそんなふうだとわかる程度だった。

格好からすると、修道女《シスター》なのだろう。――と、そう思ったとき、突然、ふたりのうちの片方の修道女が、私の部屋のほうを仰ぎ見た。するとひと声、「ラビッシュ（ゴミ野郎）！」と叫んだ。たしかにそういったと思う。

慌てて窓枠の下に身を隠した。心臓が激しく高鳴っている。私が見ていたことに気づいたのだろう。しかし、修道女があのような汚い言葉を使うだろうか。

それにしても自分の部屋である。窓から通りや教会を眺めていただけのことだ。なにを咎められることがあるというのか。そう思うと莫迦《ばか》らしくなり、私は再び窓から顔を出した。またなにかいってきたら、怒鳴《どな》り返してやろうと思ったのである。

しかし、通りにはもう誰もいなかった。

もとより大雪の後の夜更けである。普段なら、にゃあにゃあ、と啼きながら徘徊している深夜の散歩者さえ、その日ばかりは姿を見せなかったのだから。

その後はなんだか眠ることができず、ベッドの上で輾転反側《てんてんはんそく》としていた。そうして先ほどの出来事を思い返していると、ふと頭のなかに突飛な考えが浮かんだ。

――朝になったら廃教会に入ってみよう。

なぜそんな気になったのかはわからない。しかし、一旦そう思い始めると、是が非でもそうしないと気が済まなくなった。生来の私の悪い癖である。

廃教会とはいえ、無断で侵入するのはもちろん違法だろう。しかし、そのときの私にとって、そんなことは取るに足らないことだった。今思えば、なにか熱に浮かされていたのかもしれない。

やがて痺《しび》れを切らした私は、夜明けとともにフラットを出て、悪路を教会のほうに向かった。ほどなく門扉の前に立った私は慄然《りつぜん》とした。

塀のなかの敷地には足跡ひとつ見当たらない。

これは一体どういうことだろう。ふたりの修道女は、どうやってこの庭を歩いて通りに出たというのか。まるで穢《けが》してはならない神聖な場所であるかのように、降り積もった雪がすべての侵入者を拒んでいるようだった。

いや、ここはそもそも神聖なのだろうか。なぜ廃教会になってしまったのだろう。どうしてこのまま朽ちるに任せているのか。いくら古いものを大事にする国柄といっても——。

勢いよく来たはいいが、結局私は一歩も踏み出すことができず、門前に長い時間佇んでいた。

十九　機上のひと

元客室乗務員のKさんの話である。

今から三十年ほど前、成田発ジャカルタ行きの国際線に乗務していたときのこと。外国人の男性の乗客がKさんにこんなことをいってきた。

「ここのトイレがずうっと塞がっているんだ。使用中のサインは点いていないようだがね。我慢できそうにないから、ビジネスクラスのやつを借りられないかな」

事態が事態だけに、男性をすぐにビジネスクラスのトイレに案内する。幸い空いていたようで、男性は切羽詰った顔をして入っていった。

エコノミーのほうに戻ったKさんは、すぐにトイレのドアをノックしてみた。が、なんの反応もない。トイレの状況を示すランプを見ると、誰も使用していないようである。再びノックをしたうえでドアハンドルに手を掛けると、難なく開いた。なかには誰もいない。

――なんだ、タッチの差だったみたいね。

それから一時間ほど経った頃のこと。昼食の配膳をしているときだった。

日本人の年配の女性が「トイレが空かないのよねえ、困っちゃうわ」といってきた。

「先ほどのことを思い出して、トイレのランプを見てみました。すると空いている表示になっていたんです。なにかが引っ掛かって、ドアが開けづらくなっているんじゃないかと思い、確認してみたら」

なんの問題もなくドアは開いた。なにかが引っ掛かっているというようなこともない。お年寄りの手を引いて、トイレまで案内する。

短時間に同じクレームが続けて出たとあって、電気系統のトラブルなのかもしれないとKさんは考えた。そうであれば機長に報告しなければならない。

と、そう思ったときだった。同僚のS子さんがギャレー（機内に設けられた調理室）のなかで、こんなことをKさんに告げた。

「さっき、不思議なものを見ちゃって。日本人の男性がトイレに入ったのね。なかにいて出てこないうちに、外国人の若い女性がドアを開けて入っていったの。どうなるかと思ったら、しばらく経って女性だけ平然とした顔で出てきたのよ。あの男のひとは、と思って、すぐにドアを開けてなかを覗いたんだけど、誰もいなかったの」

先にトイレに入った男性がどこかに消えたというのである。出てくるところを見逃しただけじゃないの、と訊くと、絶対そんなことはない、とS子さんは断言した。

機内でひとが消える話をKさんは以前にも聞いたことがあったが、それらはいずれも密入国に関わるものだった。消えるというのは変装などによってそう思わせただけで、もちろん実際に消えたわけではない。高度一万メートルの密室にいる人間が忽然《こつぜん》と姿を消すなどという莫迦げたことがあるはずないのだ。が、今回のケースは少し話が違う気がした。

先ほどのトイレのクレームの件をKさんはS子さんに話してみた。その結果、一連の出来事を報告しておこうということになり、機長に伝えると――。

「黙って聞いていました。なにか考えごとをしているのか、しばらくの沈黙の後、こういったんです」

電気系統の異常はこちらでは検知していない。一応、留意しておくがね。しかし、それはきっとパーサーのY君じゃないかな。そうか、君たちは彼のことは知らなかったか。躯《からだ》を壊して仕事を辞めてからも結構経つし、仕方ないかもしれないが。そのトイレ云々というのは、きっと君たちをからかっているんじゃないかな。悪戯《いたずら》好きな男でね、いかにもそんなことをしそうなやつだったよ。でもな、長く患っていた病気が悪化してしまってね、亡くなってしまったんだ。可哀想に、まだ若かったんだよ、彼は――。

「それが本当にYさんの仕業だとしたら、いい迷惑ですよ。悪戯好きといっても程がありますから」

Kさんが機内で不思議な経験をしたのは、そのたった一度きりだという。

二十　ベビーカー

書店員のGさんは高校生のとき、通学のため陰気な公園の脇を通らねばならなかった。

他にも行き方はあったが、近道とあって、その道を使うことが多かった。朝はいいが、部活で遅くなると厭で仕方がない。ベビーカーが一台、いつも公園のフェンスに接して停まっていたからである。長期間放置されているのに塵埃《じんあい》にまみれておらず、いつまでも新品のようだった。それになぜか誰も片付けようとしないのが不思議だった。

結局三年間、一度もフードのなかを覗くことができなかったという。

卒業後、公園の近くに住む友人にその話をすると、公園にはよく行くが、そんなベビーカーは一度も見たことがない、といわれたそうである。

二十一 探しもの

民宿業を営むTさんの話である。

Tさん一家は岐阜県のK町で古民家をリフォームした民宿を経営している。

元々は東京で会社員をしていたが、田舎への憧れが募《つの》り、ある日家族に相談したところ、意外にも妻のほうが乗り気で、意を決したそうである。

しかし、空き家で趣ある古民家を探すことは、思っていた以上に困難だった。自治体も好意的で尽力してくれたが、なかなか思いの物件には行き当たらない。

そんなある日、K町役場の担当者から一本の電話が入った。

「独り暮らしのお婆さんが亡くなったというんです。田舎ですし、家屋はおんぼろなので、都会に住んでいる遺族はとても管理できないそうなんですね。なので、安くても売りたいということでした」

破格の値段でTさんはその家を購入した。

問題は古さだった。改装なしでは住むことはおろか、民宿など営むことはできない。資金が潤沢ではなかったので、殆どを自分たちで手掛けることにした。

リフォームもほぼ終わり、仮住まいをしていた同じ町内のアパートから、Tさん一家が古民家に引き移った、最初の晩のことだった。

十畳ほどの和室に、家族は布団を並べて寝た。

何時頃だったろうか。Tさんの周りを、なにかが忙《せわ》しなく動いている気配がした。それが子どもや妻でないことは、ともに暮らす家族の勘のようなもので、はっきりとわかった。

「霊とか信じているわけではないですが、亡くなったお婆さんかな、とふと思ったんです。でも、その気配というか動き方が、お婆さんにしては、――やけに敏捷すぎるんですよ」

Tさんは薄っすらと眼を開けてみた。

すると、輪郭のおぼろげな、白い人影のようなものが和室のなかを往ったり来たりしている。しばらくして部屋から出て行ったかと思うと、また戻ってくる。とにかく落ち着かない様子だった。が、不思議に怖いとは思わなかった。

翌朝、妻に昨夜のことを話すと、実は妻も同じものを見たという。

この家にはなにかあるのでは、とふたりで再び家中を隈なく調べてみることにした。すると、改装時には気づかなかったが、備え付けの食器棚に隠し収納があるのがわかった。開けてみると、五十センチ四方程の桐の箱が一つ収まっている。取り出してみると、何百枚もの占い写真がなかに入っていた。すべてモノクロームである。

それを見たふたりは、思わず微笑んでしまった。

数百枚の写真すべてが、ひとりの一糸纏《まと》わぬ裸の女性を写したものだったからである。モデルの女性は亡くなったお婆さんではないか。であれば、撮影したのはきっと旦那さんなのだろう、とふたりは考えた。

「写真は箱ごとお婆さんの菩提寺に預けました。それからは特になにも。ただ私が怖いなと感じるのは、あれだけの枚数の写真を撮った旦那さんの妄執ですよ。なぜって、その女性、僕にはそれほど美人とは思えなかったんです」

そうTさんは語った。

二十二　モデル

新橋のクラブで働くホステスのU子さんの話である。

U子さんが中学二年生のときのことだという。

父親が事業で失敗し、住んでいた家を引き払って、奥多摩の小さな借家に引っ越すことになった。母は早くに亡くしていたので、父親とのふたり暮らし。裕福ではないが、それなりには幸せでした、とU子さんはいう。

そんなある日、炬燵《こたつ》で横になりながら勉強をしていた彼女はふと眠ってしまった。数時間後、ふと目覚めて時計を見ると、深夜の一時半を差している。

――あっ、いけない。また炬燵で寝ちゃった。

父親はまた呑みに出掛けているようだった。仕方ないかな、と思う。

躯を起こし、テレビを点けようと卓上のリモコンに手を伸ばしたかけたとき――。

真っ暗なテレビ画面に自分の姿が反射して映っていた。その、すぐ真後ろに誰かが立っている。

お父さん？　――いや、違う。

お父さんは白髪混じりの角刈りで、でっぷりと太っている。あんなに華奢で、長い髪ではない。それになんだろう、あの服装は。あれは、――そう、女だ。

顔一面を髪が覆っている。が、どこかで見た気がする。ああ、この女はあれだ、あれと同じだ。

「リングって映画あるじゃないですか。あれに出てくる貞子《さだこ》だったんです。本当にもう吃驚《びっくり》するぐらい、そのものって感じで――」

だから映画に出てくる幽霊って、絶対モデルとかいると思うんですよ。

後で知ったことだそうだが、件の借家はいわゆるナメラスジ――霊道とされる場所の真上に建っており、かなり以前から幽霊が出ると噂されていたそうである。

二十三　お迎え

「怖い話というのはどういったものですか」

そう尋ねると、ふたりの老女——双子の姉妹だそうだが——E子さんとC子さんは互いに眼を合わせた。双子なので同じ歳なのは当然だが、ともに七十代の女性である。

「怖い話というんじゃないがね。私らのお父《とう》が亡くなったときのことですわ」

今から十年前だという。

ふたりの父親のNさんが米寿を迎えた初秋のある日、風邪を引いた。するとそのまま躯が弱り、ほどなく肺炎を患《わずら》った。免疫機能が落ちたからである。高齢者の肺炎は大変に危険とあり、予断をゆるさない容態だった。ふたりとも覚悟を決め、交代で病室を見舞った。

妹のE子さんがいう。

「私が付き添ってたときのことですわ。お父がいきなり両手をこうやってね、ふわあっと、うえに上げよったんです。躯にチューブがたくさん付いていて、意識なんかようない状態で。それで吃驚してもうて」

すぐにナースコールを押した。ほどなく看護師が来たが、ひどく慌てている。少し遅れて険しい表情で医師が入ってきた。その間も父親の両手は中空に上がったままだった。

すると。

くいっ、と両手で何かを掴むような仕種をした。といっても、手には何も握られていない。ただ、虚空を掴んだだけである。

「こころなしか、ちょっと笑ったように見えたんよ。そのとき、ああ、これはお迎えが来たなァ、と思ってね。もうこれは駄目かと――」

刹那、両腕は力なく下に落ちた。ひと頻り医師が調べると、小さく会釈しながら、ご臨終です、と告げられた。

「臨終の間際にお迎えが来たというわけですか。どういったものが来たのか、興味深いですね。そういった話はよく耳目に触れますが、実際に伺うのは初めてかもしれません」

私がそういうと、姉のC子さんが笑った。

「それを聞いて、お迎えかや、と私も最初は思っただけどさ。でもよ、たぶん本当のところは違うんじゃねえかと思うんだわ。お父は若え頃から、それも六十近くまでな、それはそれは甲斐性もなきゃあ助平《すけべえ》な男でね。家にも帰らず、あっちこっちに女を作っとった。金もありゃしねえのにな。お母《かあ》が不憫で不憫でならなかったわ。やれ、女の尻触って巡査に捕まったとか、どこぞの後家さんのうえに乗っかって孕ましたとか、そんな話ばっかりやった。それは色々問題があったんよ。E子はその頃、遠くの親戚の家から女学校に通ってたで、そんなことは知らなんでただけど」

父親が見ていたのはお迎えでもなんでもなく、女の裸だろう、とC子さん。

「お迎えよりも、いまわの際にそんなん見とるほうがよほど怖いやろう。男ちゅうのは、ほんまにどうしようもないからのう」

そういって朗らかに笑った。

二十四　神童

あるひとの息子が三歳のときに数を学び始めたが、何度教えこんでも十三以上を覚えられない。しかし、小学校に行き始めると、自然と数字をいえるようになったばかりでなく、抜きん出て優秀な成績を収めるようになった。

この子は神童だと周囲はもて囃《はや》した。いずれは東大かと家族の者たちは期待したが、十二歳のとき交通事故に遭い、二週間に及ぶ闘病の末、亡くなってしまったそうである。

二十五　味噌汁

数年前の、川霧が立ち始めた初冬のことである。

ご縁があり、母校の高校で講演会をすることになった。拙劣《せつれつ》ながら無事に終えると、会場となった校舎を出た。すでに陽は落ち、辺りはすっかり暗くなっている。熱気溢れる学生を相手に怪談について語った後だったのもあり、そぞろ寂しいような気分になった。

家路に向かって歩き出すと、校門の手前でひとりの少女に呼び止められた。

「怖い話というか、ちょっと変な話があるんですが、聞いてもらってもいいでしょうか」

「ええ、もちろん喜んで」

そう私が答えると、安心したように少女は笑みを浮かべた。

講演中、私は怪奇体験談の募集をしていた。怖かったり不思議だったり、誰かに聞いた話や噂でもいいので、なにかあれば気軽に連絡してください、と話していたのである。

その日のうちに反応があるとは思っていなかったから、些《いささ》か私は愕いた。彼女が話し出すのを少し緊張して待つ。語ってくれたのは次のような話であった。

M香さんというその少女は、私の母校の高校に通う二年生だという。三年ほど前、彼女が中学二年生のときの出来事だそうである。

ある日の夕餉《ゆうげ》の席でのことだった。

食卓テーブルに家族が揃い、さて食べ始めようとしたとき、父親が不思議そうな顔で手にした味噌汁を見つめている。どうしたんだろう、とM香さんは思った。すると、母に向かって父がこんなふうにいった。

「これ、お前が作ったのか。珍しいじゃないか」

なにいってるのよ、と、その手元を見た母は眼をまるくした。

「えっ、どういうこと。私、こんなお味噌汁作ってないんだけど」

母は蕪《かぶ》の味噌汁を作ったのだという。が、そこにあるのはまったく違うものだった。味噌汁ではあるようだが、なにか白っぽい繊維状のものがなかに何本も入っている。

今までこんな味噌汁を母は作ったことがない。それに汁の色がずいぶん赤い気がする。

「これって赤味噌よね。私はいつも送ってもらっている白味噌か合わせ味噌しか使わないもの。どうやったって、こんな色にはならないわよ」

すると父は神妙な面持ちで、白っぽい繊維状のものを箸で数本摘みあげた。

「これ、切り干し大根だろ。本当にお前じゃないのか。M香でもないんだろ」

彼女は首を横に振る。味噌汁はインスタントのものしか作ったことがない。第一、切り干し大根を味噌汁に入れるという発想自体がない。それは母も同じようだった。

誰も食事に手を付けない。楽しいはずの夕飯が御通夜のような雰囲気になった。

すると、父がなにか思い出したようにしわがれた声で呟いた。

「これな、お袋がよく作っていたやつに似ている気がするんだ。切り干し大根が入って、そうだ、たしかこんな赤味噌の味噌汁だった」

父の実家は北陸の地方都市なので、加賀みそと呼ばれる赤色辛口のものをよく味噌汁に使っていたという。母は中国地方の出身とあり、白味噌を使うことが多かった。

お祖母《ばあ》ちゃんが作った味噌汁だというのか。しかし、そんなはずはない。M香さんの祖母は三年前に亡くなっていたからだ。

「恐る恐る、お父さんがお椀に口をつけたんです。その瞬間――」

急いでキッチンに向かい、口に含んだものを吐いた。椀の中身と味噌汁の入った鍋も流し台にぶちまける。母とM香さんの椀も無言で手に取ると、シンクに棄てた。

「ひと言も喋らず、ご飯も食べないで、お父さんはそのまま寝てしまいました。母も私もそのことには触れてはいけない気がして、いまだに訊けずにいるんです」

味噌汁はどんな味がしたのか。なぜ吐き出し、鍋ごと棄ててしまったのか。あれは誰が作ったのか。あの赤は本当に味噌の色だったのか。すべてがわからずじまいなのだそうだ。

黄泉戸喫《ヨモツヘグイ》――死者の国の料理。そんな言葉が頭を過《よ》ぎったが、彼女には告げなかった。

それからも毎日のように味噌汁は食卓にのぼるが、赤色のものはその一度だけだという。

二十六　夢で殺す

自動車整備工のDさんはある日、厭な夢を見たという。

それまで会ったこともない、未知の女性を殺す夢だった。どうした経緯でそんなことになったのかわからない。とにかく、ありったけの力でDさんは女の首を絞めた。女がぐったりとしたところで目覚めたが、両手には首の感触が生々しく残っていた。

一旦起きだしてしまうと、女性がどんな顔だったかも思い出せない。が、名前だけはフルネームでなぜかはっきりと覚えていた。

それから二週間ほど経った、ある日。

馴染みの中華料理屋でテレビを見ながら食事をしていると、若い女性が殺害されたというニュースが流れている。交際相手の男が犯人で、すでに逮捕されたとのことだった。

被害者の名前がアナウンスされた瞬間、Dさんは耳を疑った。

夢のなかで殺した女性とまったく同じではないか。画面には顔写真も出ていたが、あの夜の女性であるかはわからなかった。

「見たことがあるような、ないような感じでした」

女性は滅多に行き会わないような、変わった苗字だったという。

二十七　マンホール

十五年ほど前、介護士のGさんは大学の卒業旅行で友人たちとモンゴルへ行ったという。

二日目の夜のこと。

この地にしては珍しく、夕方から雨が降り始めたので、傘を差しながらウランバートルの街なかをひとり歩いていた。昼間の雰囲気とは異なる街の様子を興味深く眺めながら歩いていると、ふとなにかに足を取られて転倒してしまった。転んだ先がちょうど泥濘《ぬかるみ》になっていたため、全身ずぶぬれになった。

「くそッ」

ひとりごちながら手を突くと、顔のすぐ脇の地面に大きな穴が開いている。

危なかった。転ぶ場所が少しずれていたら、頭からこの穴に落ちていたかもしれない。

物乞いの少年たちがマンホールに住んでいるという話を彼はふと思い出した。すうっ、と饐《す》えたような異臭と生暖かい空気が漂ってくるのを感じる。

穴のなかから少年と思《おぼ》しき声が聞こえてきた。耳を澄ますと、なにか歌を唄っているようだ。楽しいような、哀しいような不思議な曲調だった。

――マジでこのなかに住んでるのか。カルチャーショックとはこのことだな……。

マンホールに住んでいるのは子どもばかりではない。なかにはボスのような存在の成人もいるというから、こんなところにいると危害を加えられるかもしれない。が、湧き上がってくる好奇心には勝てなかった。全身泥だらけの這い蹲《つくば》った状態で、恐る恐る穴のなかを覗き込んでみた。

宇宙空間に放り出されたかのような、満天の星空が広がっていたという。

二十八　吉部屋

都内の墨田区に住むAさんの話である。

Aさんの以前住んでいたアパートは築五年ほどのいわゆる築浅物件で、駅からも近く、家賃は五万円ちょうどだったという。

「訳ありとのことで安かったんです。でも事故物件ではなくて、騒音トラブルがあるということでした。安けりゃなんでもいいや、と思ってたんです」

その部屋の住人がふたり立て続けに、楽器の音がうるさいといって、引っ越したとのことだった。不動産屋の担当者は楽器の主に注意をするべく、一戸一戸調べたが、アパート全住人いずれも、楽器を演奏するどころか、大きな音の出るものを所有している者はいなかったそうだ。

仕事が終わって寝に帰るだけだから、と軽い気持ちでAさんは部屋を借りることにした。

引っ越しを終えた、その日の深夜のこと。

寝床に就くと、どこからともなく弦楽器の音色が聞こえてくる。旋律というよりは、弦がたわむような音や、バチバチッ、となにかを叩く感じに思える。他の部屋からではなく、自分の部屋のなかで鳴っているようだった。最初は気のせいかとも思ったが、あまりに長く続くので気味が悪くなってきた。

朝一番でAさんは不動産屋に向かった。

「騒音トラブルとのことでしたが、本当は部屋でなにかあったんじゃないですか」

そう尋ねると、担当者はうんざりした様子で、

「アパートが建った当初から管理をしていますが、そういった事故は一切ありませんよ」

しかし、Aさんは引き下がらなかった。粘り強く聞きだすと、Aさんを含め、過去に四人の人物がその部屋を借りたことがわかった。最初に借りたのは、人形浄瑠璃《じょうるり》の人形師になるべく、修行をしていた人物だという。

「お世話になりました。四国の文楽で自分の人形を使ってもらえることになったんです。あそこは吉部屋ですよ」

そういって、引っ越す際には菓子折りを持ち、不動産屋にまで挨拶へ来たという。大変穏やかな人物だったそうだ。

帰宅すると、Aさんは動画サイトで人形浄瑠璃というものを見てみた。なにか心に引っ

掛かるものがあったからである。モニタースピーカーから流れてくる三味線の音を聞いた瞬間、Aさんは、はッとした。これだ――。

「あの音は三味線だったんですよ。なにかを叩いているような音は、太棹《ふとざお》の太鼓の腹をバチで叩く音に似ていました。これは推測ですが、あの音は三味線の旋律を口で模したものだったんじゃないかと。口ずさみながら、毎晩人形作りをしていたのではないかと思うんです」

人形師のその後は不明だが、引っ越した先でなにかあったのでは、とAさんは感じた。音は日増しにひどくなるばかりだった。時折、ぼそぼそと台詞《せりふ》のような声まで聞こえてきたので、もう無理だと判断した。二週間も経たずに部屋を引き払ったそうである。

二十九　取り締まり

元交通機動隊員のNさんの話である。

七年前の夏、県道の大きな交差点の近くで、交通違反の取り締まりをしていたときのことだという。

Nさんは一台の黒塗りのワンボックスカーを止めた。無線連絡によるとチャイルドシート義務違反とのこと。運転手は二十代半ばほどの男で、露骨に不満気な表情である。見ると後部座席に男児が立っている。まだ三歳ほどの幼児だ。

危ないではないか。子どもをこんな体勢でいさせて、急ブレーキをかけたらどうなるかわからないのか。そう憤《いきどお》りながらも、努めて温和な口調でNさんは注意した。

「駄目ですよ。お子さん、まだ小さいですよね。ご存知と思いますが、六歳未満の子どもはチャイルドシートに乗せないといけないんですよ」

すると、「はあ？　なにいってんの」と運転手。そして男はこう続けた。

「子どもどころか、オレ結婚してねえし。独りもんだから」

この期に及んでなにをいうのか。すぐ後ろに男の子が立っているではないか。

が、Nさんはそのことは口にせず、後部座席を見せるように促した。

運転手は渋々といったふうに車から降りて、後ろのドアを開けた。

誰も乗っていなかった。

「見間違いのようですみませんでしたね、と謝ったのですが、運転手さん、それで逆に火がついちゃって」

掴みかかってきたので公務執行妨害で逮捕しました、とNさんはいった。

三十　おっかあ

妻の叔母の話である。三十年ほど前のことだという。

ある秋の夕方、家族揃って居間で寛いでいると、玄関のほうから「おっかあッ」という男の声が聞こえてくる。その声に聞き覚えがあったので、叔母は誰なのかすぐにわかった。

当時すでに仕舞屋《しもたや》になっていたが、叔母は数年前まで自宅の一角で小料理屋を営んでいた。そのときの常連客のNさんに違いない。店の客たちから叔母は「おっかあ」と呼ばれていた。店を閉めて以降も、常連客たちは手土産《てみやげ》片手に叔母の家を訪れては、なにくれと話をして帰っていったそうだ。

「おや、Nさんの声がしたね。またずいぶんと久しぶりやな」

叔父も知った客なので、ああNさんや、という。

昼間は玄関の錠を下ろしていないので、皆遠慮なくがらがらと引き戸を開け、三和土から声をかけてくるのが常だった。

急いで叔母は玄関に向かった。——が、そこには誰もいない。玄関を出て、家の周囲をぐるりと廻ってみたが、Nさんの姿はどこにもなかった。

それから数日後のこと。

駅前の商店街で叔母はNさんの妻と遇会した。

「あらまあ、ご無沙汰しておりまして——」

そう挨拶を交わした直後、最近Nさんが亡くなったことを聞かされ、叔母は愕いた。

そんなはずはないと、つい先日、自宅でNさんの声を耳にしたことを伝えた。すると、その日のまさに同じ時刻、Nさんを乗せた霊柩車が、叔母の家の前を通ったはずであると知らされたそうである。

三十一　風習

都内で飲食店を経営しているTさんの話である。

幼少の頃、父の実家である中部地方の寒村に数年に一度ほどいくことがあった。父の仕事の関係もあり、盆や正月のような交通機関が混み合う時期は外していたので、駅や道路はどこも空《す》いていて、子ども心にも快適な旅行だった。

「たしかあれは四歳ぐらいのときでした。父の実家近くを従兄弟と手を繋いで歩いていた記憶があるんですけど――」

鼻腔《びこう》に強い香りが漂ってきて、なんだろうとTさんは思った。

嗅いだことのある匂いだが、自分の知っているそれとは全然違う。咽《むせ》るほどの強さで、思わず鼻の穴に指を突っ込んだ。なにしてるの、と従兄弟。

見ると、近所の家の門口で小さな箱のようなものが燃えている。近づくと、それは線香の箱だった。

「箱ごと点火されたみたいで、煙と匂いがとにかくすごかったんです。でもそれに関して、従兄弟と喋った記憶はないんですよね」

数年後、ふとそのことを思い出したTさんは、父にそういった風習が実家の地域にあるのか尋ねてみた。すると、

「なに莫迦なことこいてんだ、そんなもんあるわけねえ」

鮮明な記憶とあって、夢や妄想だったとは思えない。なにかの誤りで箱に火を点けてしまった者が咄嗟《とっさ》に棄てたのだろうと、そんなふうに彼は解釈した。しかし――。

四年前、老衰で祖母が亡くなった。

二十年ぶりに父の故郷を訪れたTさんは、燃え盛る線香の箱を見た。まさに今、火が点けられたばかりの感じだった。実家の飛び石の上だったという。

三十二　救急車

埼玉県に住む主婦のF美さんの話である。

ある夏の日の、午後三時頃だったという。夕飯の準備をするためキッチンに立っていると、リビングのほうから救急車のサイレンの音が聴こえてきた。

自宅マンションの前には国道が走っている。救急車はもちろん、消防車やパトカーなども頻繁に通るので、また事故かなにかだろうとF美さんは思った。

そのときリビングのテレビが点いていたが、ふと画面に眼をやると、救急車が走っているシーンだった。

「外じゃなくてテレビの音か。紛《まぎ》らわしいわね」と、そう思ったとき。

リビングの隅に置かれた、子どもの玩具を入れた半透明のプラスチックケースが、突然、ぴかぴかぴかと、三度赤く点滅した。

リビングに敷かれた布団の上で、子どもはすやすやと昼寝をしている。リビングに行ってプラスチックケースを上から覗くと、救急車の玩具が一台、横倒しになって入っていた。

「リサイクルショップで子どもが欲しがるので仕方なく買ったものでした。でも、おかしいんですよ。買ったとき、電池はすでに切れている状態でしたから。面倒なので入れ替えずにそのまま遊ばせていたんです。それに、そのとき子どもはぐっすり寝ていました。触りもせずに点灯するなんて、なんか気持ち悪くて。子どもには気づかれないようにこっそり捨てて、新品を買い直しました」

——と、ここまでがF美さんが怪異現象として語ってくれた話である。

些細な話だが、ある種のシンクロニシティ譚といえるだろう。テレビドラマと子どもの玩具との不可思議なリンク。しかし私の興味は、この話の続きにある。これは余談ですけど——と、すっかり忘れていたことを思い出すように、再び彼女は語り始めた。

「ドラマの続きをなんとなく観ていました。二時間物のサスペンスドラマだったんですけど、ああいうのって観始めると終わりまで眼が離せないんですよね。それで結局、最後まで観てしまって」

ふと時計を見ると、そろそろ夫が帰宅する時間になっていた。まだ子どもは寝ているので、今のうちに夕飯を作ってしまわないといけない。再びキッチンに立って調理を始めるが、油が切れてしまっていることに気づいた。

コンビニまで行ってこようかしら。簡単に着替えを済まし、家を出た。自宅の近くにコンビニエンスストアがあり、ちょっとした買い物はいつもここで済ませていた。

急ぎ足で向かっていると、コンビニの手前に人だかりができているのが見えた。なんだろう。パトカーも数台止まっている。

事故だった。野次馬のなかに顔見知りの主婦がいたので話を訊くと、轢き逃げがあったとのことだった。現場には夥《おびただ》しい血だまりが残っている。被害者は初老の男性で、すでに救急車で運ばれた後だったが、主婦いわく、ぴくりとも動かなかったという。

事故の起こった時刻を聞いて、F美さんは吃驚した。ドラマで救急車が走っていたシーンの時間と殆ど同じだったからである。それにドラマも轢き逃げ犯を捕まえるという設定で、事件の被害者も初老の男性だった。それだけではない。

「観ているときは気づかなかったんですけど、ドラマのなかの事故現場とよく似ているというか、あれってここでロケしたんじゃないの、っていうぐらい同じなんです。やっぱりコンビニが眼の前にあって、そこの店員が目撃者で事件が解明していくんですけど――」

これって単なる偶然でしょうか。そう訊かれて、わかりません、としか私は答えることができなかった。

後日、通りがかると、事故現場に花が供えられていた。F美さんは立ち止まって手を合わせたそうである。

三十三　手紙

ホラー小説家の故宮《みや》ノ《の》川顕《がわけん》さんから訊いた話である。

五年ほど前の盆明け頃、宮ノ川さんの元に一通の手紙が届いたという。

誰からだろうと、差出人を見ると、学生時代からの友人である。しかし、この数年連絡をとっていない。一体急にどうしたのだろうと文面に眼をやると、長らく連絡できなくて悪かった、俺は元気でやっているから心配するな、と書かれている。

昔から変わった男ではあったが、電話で済むようなことをわざわざ手紙で送ってくるとはあいつらしいな、と思った。

そして、切手に目をやったとき——。

思わず吹き出してしまった。破顔した友人の顔写真が切手になっていたからである。

「郵便局でその切手が普通に売られているのかと思ったよ。そう考えるとおかしくってな。ま、そんなわけないんだけど」

ご存知の方もおられるだろうが、自分の好きな写真を切手にできるサービスがある。これは日本郵便が行っているもので、私も以前、面白がって一度作ったことがあった。郵便局の窓口に切手にしたい写真を持っていき、一シート分の切手料金と手数料を支払うと作成してもらえるのだ。それはもちろん普通の切手として使用可能である。面白いサービスだが、案外知られていない。

友人はそのサービスを使い、自分の顔を印刷した切手を作成したのに違いなかった。

「変わったことが好きなやつだったからな。それを見るかぎりじゃ元気そうに見えたよ」

その数日後。

手紙を寄越した友人の奥さんから宮ノ川さんの元に電話が掛かってきた。友人が自殺したというのである。自殺する理由に心当たりがない、と奥さんは泣きながらいうが、宮ノ川さんにも思い当たる節などなかった。もっとも、最近の友人の生活について、なにも知ってはいなかったのだが。

「奥さんにそいつが亡くなった日を訊いてみたんだよ。そうしたら――」

手紙の消印の二日前だった。

そんな莫迦な。では誰がこの手紙を投函したというのか。長く会っていない宮ノ川さんに、なぜ友人は手紙を出したのか。自分の写真を切手にしたのには、特別な意味があるのだろうか。それに、なぜ自殺などしたのか。

今となっては、すべてがわからないままだという。

三十四 ご先祖さま

主婦のK子さんが中学生のときのこと。

遊びに行く途中、背後から突然声を掛けられた。見ると、小柄な老婆が立っている。

「あんたの後ろにご先祖さまが何人かおるからな、しっかりお祀《まつ》りせなあかんよ」

そう老婆にいわれた。

その夜、両親にそのことを話すと、母が怪訝《けげん》そうな顔で、ご先祖さまねぇ、あんまり昔のひとは載ってないけど、と古いアルバムを何冊か取り出してきた。

そのなかの数枚に、昼間の老婆と思しき女性が写っていたので、彼女は吃驚してしまった。

「そんなわけないでしょう。昭和の初め頃の写真だもの。お父さんのほうの親戚のどなたかだろうけど、誰だかわからないわ」

父もしばらく見つめていたが、知らん顔だなあ、と顎《あご》をさすっていたという。

三十五　記憶

埼玉県に住む会社員Hさんの話である。

博多に出張する際には、現地支部の同僚が薦める店で食事をするのが、なによりの愉しみだという。料理がどれもよく口にあうので、出張の度に三キロは太ってしまうそうだ。

二年前の冬のこと。

福岡支店の同僚たちともつ鍋屋で宴会をし、その後、路地裏の雑居ビルに入っているスナックで呑んでいると、

「ひどい顔してるわよ。具合でも悪いんじゃなくて」

そうスナックのママにいわれた。別にそんなことないよ、と笑って、トイレの鏡の前に

立つと、瞼《まぶた》は落ち窪み、隈《くま》も深く、顔面蒼白である。たしかに今にも死んでしまいそうな顔だった。

なんだ、これは――。と、思った瞬間。

「ここでおれはしんだ」

知らずそんな言葉が口を衝《つ》いて出た。途端、激しい頭痛と吐き気に襲われ、歩くのもままならない。気のせいかと思ったが、そんなふうになるほど呑んではいない。本当にこの場で死んでしまう気がして、挨拶もそこそこに、ふらつきながらHさんは店を出た。

その後、自宅に戻ってからは、特に体調に問題はないので、あれはなんだったのか、と不思議で仕方がなかった。

博多の同僚に電話を掛けて、あの晩行ったスナックのことをあれこれと訊きだしてみた。それからも色々当たって調べていると、スナックの入っている雑居ビルの場所には以前アパートが建っていたことがわかった。そこで五十年ほど前、暴力団の抗争があり、殺人事件があったという。

「今まで心霊的なことは半信半疑でしたが、あの土地に残っている殺されたひとの想いが僕に憑依して、あんな言葉をいわせたのかなと、そんなふうに考えたんですが――」

妻にあの晩の出来事を詳らかに話すと、

「殺されたひとの生まれ変わりだったとか、あなたが」

笑いながら、そういった。

このところ博多出張はないが、話があっても、行きたいような行きたくないような、複雑な気持ちだという。

三十六　ジプシーの老婆

スペイン人のナバーロさんの話である。

五年ほど前のある日、マドリードの地下鉄でホームに立っていると、若い男がすさまじい勢いでエスカレーターを駆け下りてくる。すぐ背後から警官が追ってきたので、なにか悪事を働いたのだろうとナバーロさんは思った。――そのとき、頭にスカーフを巻いた老婆が男に突き飛ばされ、激しく転倒した。すぐに駆け寄り抱き起こすと、顔面をひどく打ちつけたようで鼻血が大量に出ている。年配のロマ*だった。老婆は逃げる男のほうに手をかざし、なにやらもごもごと呟き、気を失った。

すぐに男は捕まったが、その日のうちに留置場で首を吊った。

スリの常習犯で何度も逮捕されているのに、なぜ今更そんなことを、と皆不思議がったそうである。

三十七　残像

二十年ほど前、M子さんはテレビの心霊特番を見ていた。

再現VTRに出てきた女の幽霊があまりに怖く、堪らずチャンネルを替えた。裏番組は陽気なバラエティショーだったが、なぜか幽霊の姿が画面に残っている。残像かと思ったが、五分も続くので、さすがにおかしいと感じた。

慌ててチャンネルを戻すと、とっくに違うコーナーになっていたという。

*ロマ：主に中東欧を流浪する移動型民族の呼称のひとつ。

三十八　趣味の親子

ある地方都市で保険の外交員をしているC子さんの話である。

その日、残業で帰宅が遅くなったC子さんは家路を急いでいた。会社は市の繁華街にあるが、自宅は郊外の山の麓《ふもと》にあるので、マイカー通勤をしている。

時計を見ると、すでに深夜の十二時を少し廻っていた。

独身とあって、待っている家族がいるわけではないが、チワワを一匹飼っているので、そのことが心配だった。

「チワワってすごく寂しがりやですから、啼いてるんじゃないかなって」

農道を飛ばし、山麓の細い林道に入る。この道は普段は通らないが、自宅への近道なのだった。しかし、街灯が殆どないので視界が悪い。カーブも多いとあって、少しでもハンドル捌《さば》きを間違えたら、道路脇の木々に突っ込んでしまいそうだった。

対向車もないので、ライトをオーバービームに切り替えた、そのときだった。

二百メートルほど前方に、赤いランドセルを背負った少女が歩いているのが見えた。

この辺にも民家がないわけではない。が、こんな夜中に小さな女の子が歩いているとは何事だろう。親は一体なにをしているのか。

車はすぐに少女の近くへ差し掛かった。少しスピードを落とす。すると、少女が太い犬用のリードを手にしているのが見えた。

大型犬でも散歩させてるのかな。でもランドセル背負ってるし、こんな時間って。

——と、そう思った瞬間。

少女の手にしたリードの先。犬と思ったものが、じろりと車を見やった。いや、それは犬ではなかった。眼鏡姿の中年男性が、全裸で四つん這いになって、犬さながらに歩いているではないか。動きだけ見たら犬にしか見えないが、それは間違いなく人間だった。

「えッ、なに、なにって。怖いというより吃驚したんです。一気にアクセル踏みましたよ。よくちゃんと運転して家まで帰れたなと、今にして思いますけど」

次の日、会社で同僚にそのことを話すと、そういう変わったプレイを愉しんでいたのではないか、といわれた。あのふたりが親子かどうかは不明だが、そんな趣味のひとも世の中にはいるのだとC子さんは考えるようにした。

それから数週間ほど経ったある日のこと。

近所に住む友人のN美さんに例の出来事を話してみた。N美さんは生まれたときからこの地に住んでいるので、なにか知っているのでは、と思ったのである。すると――。

「ちょっと違うけどその話知ってる、というんです。二十年ほど前、林道から入ったところの別荘で火事があったと。建物は全焼して、お父さんと娘さんの焼死体が見つかったということでした。なぜか、家族の他のひとたちは別荘に来てなかったそうです」

その火事からしばらく経った頃、赤いランドセルを背負った少女が、深夜に林道を歩いているという噂が流れ始めた。N美さんが中学生のとき、初めてその話を聞いたそうだが、彼女自身は一度も見たことがないという。それに噂になっている話は、C子さんの見たものとは少し内容が違うそうである。

「女の子と一緒にいるのは、犬でも裸の中年男性でもないそうです。道化師《クラウン》っていうんですかね。ええ、サーカスなんかのピエロです、顔に涙マークが描かれた。あれと手を繋いで歩いているんだそうです。でもふたりとも、少しも楽しくなさそうだということでした」

ある意味見てみたいですけど――。そうC子さんはいった。

三十九　洞穴遺跡

かつて北九州の炭鉱で働いていたというSさんの話である。

炭鉱の閉山後、Sさんは日雇いの仕事を何年か続けていた。そんなある日、大分県内のある洞穴遺跡の発掘作業のアルバイトをしたことがあったという。

洞穴のなかには、近世に建てられた寺院の草堂《そうどう》があった。その敷石の下から縄文時代の遺跡が見つかったというのだった。学者の指導の元、発掘メンバーは堆積《たいせき》層を削っていった。すると、草堂のあったすぐ下から縄文人の生活跡が見つかり、その少し離れた場所に扁平《へんぺい》の大きな河石が複数あるのがわかった。

石を取り去ってみると、その下から屈葬された人骨が殆ど完全な状態で出土した。また違う層からは、胸に石を抱いた状態で埋葬された人骨も見つかった。

学者がいうには、死者の蘇《よみがえ》りを怖れ、再起しないように大きな石を上に載せたり、胸に抱かせたりして埋葬したのだろう、とのことだった。今の墓の起源ではないかというのである。なかには母親が子どもを抱いて埋葬されたものもあり、どのような理由でふたり同時に埋められたのか想像し、Sさんは薄ら寒くなった。

人骨はその時点で百体以上も出てきたが、まだまだ数は増えるだろうと思われた。後年わかったところでは、最終的に二百体以上の人骨が埋葬されていたそうである。

「同じ洞穴のなかで埋葬した死者と同居するなんていうのは、現代のワシらからしたら気味が悪いというか、考えられませんけどな。いくら家族やご先祖様いうても」

第一次発掘作業が終わる頃には、人骨を見たり触れたりすることにもすっかり慣れ、作業の面白さや奥深さが理解できるようになった、とSさん。

発掘作業の最終日、仲間と居酒屋でしこたま酒を飲み、自宅で横になると、Sさんはすぐに寝入ってしまった。

夢のなかで彼は土を触れている。なぜかスコップではなく、手で土を触っているので、てのひらは真黒に汚れている。ふと自分の姿を見ると、ほとんど裸のような格好で、小さな毛皮を一枚、腰の辺りに身につけているだけだった。

焚火《たきび》の灯りだけなので、周囲は仄暗《ほのぐら》い。どうやら洞穴のなかにいるようだった。周りには肌の汚れた、同じく半裸の子どもたちが、何人か座って泣いている。

両手で彼は土を固めていた。やおら立ち上がり、足元の大きな扁平石を土の上に置こうとした、そのときだった。

押し固めたはずの土のなかから、薄汚れた細い腕が二本、ざくりッ、と突き出てきた。恐怖にのけぞりながらも、彼は手にした石を思いっきりそこに振り下ろした。子どもたちは、おいおい声を漏らして泣き続けている。無言のまま、彼は何度も何度も、石を落とし続けた。もう二度と生き返ってくれるな、と強く念じながら――。

それからというもの、同じ夢ばかりを繰り返し見るようになってしまったそうだ。

これを語ってくれたSさんも五年前に病気で亡くなってしまい、今では鬼籍のひとである。

四十　階段

脚本家のCさんの話である。

Cさんの行きつけの喫茶店には幽霊が出るという噂があるそうだ。彼自身は霊感体質ではないが、そういうものを感じたとか見たという客の話を聞いたことがあった。しかし、いずれも店内ではなく、二階のその店舗に上がるための階段が目撃場所なのだそうだ。

ある男性は、階段を上るときに自分のすぐ脇を、見えないなにかが凄まじい速さで下りていくのを感じた。またある年配の婦人は、階段の下に倒れた男がいるので、駆け寄って声を掛けようとしたところ、眼の前で忽然《こつぜん》と消えたそうだ。またある男子大学生は、階段を下りているときに突然背中を押され、転がり落ちてしまった。異変に気づいたマスターがすぐにドアから顔を出すと、学生が階下で蹲《うずくま》っているのが見えた。幸いあと五段ほどのところだったので、学生は軽傷で済んだとのことである。

マスターはそういったものを見たこともなければ、感じたこともないらしい。なぜ階段でばかり怪異が起きるのか。Cさんは不思議に思い、ある日尋ねてみた。

「ここがオープンする前は、どういった店が入っていたの」

そうマスターに問うと、

「バーだったんですよ。そこを居抜きで借りたんです」

思い当たることがあり、業界の酒好きな知人に訊きまわったところ、あることが判明した。その店がバーだった時代、酔客が階段から転げ落ちて亡くなったことがあった。

それも一度や二度ではなく、何人もの酔っ払い客が、その階段で転落死しているとのことだった。そのうちのひとりは、古い知り合いの作家であったという。

四十一 ベランダ

俳優のTさんの話である。

五年ほど前、独身のときのことだという。当時、Tさんは埼玉県内の、あるマンションの一室に住んでいた。

駆け出しの彼には過ぎた家賃だったが、事務所が半分持ってくれるというので、そこに決めたのだそうだ。さほど広くはないが、独り身の彼には充分すぎるほどで、設備も整っており、取り立てて不便を感じることはなかった。

そこに引っ越して数週間ほど経った、ある日の夕方。

寝転がりながらワークショップの台本を読んでいると、視界の片隅にちらちらと、緑色のものが入り込んでくる。なんだろう、と視線をそちらに向けると、ベランダでなにかが揺らめいている。どうやら洗濯物が風になびいているようだった。うっかりしていて仕舞い込み忘れたのかと、ベランダへ続く窓を開けた。――が、物干し竿にはなにも掛かっていない。考えてみれば、その日は朝から曇天《どんてん》なうえに風が強く、洗濯はしていなかったことを思い出した。

その後も同じようなことが度々あった。頻繁ではないが、月に一、二度はそういったことが起きる。だが、単に眼の錯覚だろうと、不思議に感じることはなかった。それ以外は特に変わったことはなく、どちらかといえば住みやすい部屋だった、とTさんは語る。

「結局、二年ほどは住んでいたのかな。結婚することになって、引っ越したんですけど」

それから一年ほど経ったある日、事務所の後輩から電話があった。

「今、事故物件のサイトってやつを見てるんですけど、○×パレスって、前に先輩の住んでたマンションですよね？　しかも先輩の部屋って三〇二じゃなかったでしたっけ。思いっきり、ここに出てますけど――」

言葉を失った。自分の住んでいた部屋がまさか事故物件だったとは。借りるとき不動産屋からそういった説明は受けなかった。何年も前のことで告知義務がなかったということか。

いつのことだそれ、と問うと、ちょうど十年前みたいですね、と後輩。

そのとき、何回も見誤ったベランダの洗濯物のことを思い出した。緑色の物体。すると、あれはひょっとして——。

「そこには死因とか書いてあるのか。ベランダでどうとか」

息を凝らしてそう訊くと、

「ええ、自殺のようですけど、ベランダではないですよ。風呂場で硫化水素《りゅうかすいそ》自殺って書いてあります」

硫化水素で自殺を図ると、顔が緑色になるという。

四十二　上顧客

デパートの外商部に勤めるKさんの話である。

ある日、外商顧客のHさんからスマートフォンに電話が掛かってきた。ヨーロッパへ行くからスーツケースと必要そうなものを一式すぐに用意してくれ、という。

資産家のHさんは安物を持っていっても喜ばないので、売り場にある、それぞれ一番高額なものを用意した。商品をトランクに入れ、屋敷へ向かうため社用車のエンジンを掛けた、その刹那。

Hさんが亡くなっていることを思い出した。

どういうことだろう。そうなると、あれはご家族だったか。Hさんだとばかり思い込んでいたが。しかし次の瞬間、心の裡《うら》で否定した。

Hさんは生涯独身を貫いていたのだ。家族はいなかったはずである。とはいえ、あれほどの資産家なのだから、知らされていない子どもがいたとしても不思議ではない。が、そんな者がいたとして、自分の電話番号を知っているはずがなかった。それに、あの話し方は家族やそういったひとではない。Hさんそのものだった。

「亡くなって三年も経ってるんですよ。電話があった時点で、どうしてすぐに気づかなかったのか、それが不思議で仕方ないんです」

着信履歴には、はっきりとHさんの名前が残っている。

入社後、外商部に配属になると早々にHさんの担当になった。約十年間に及ぶ付き合いのなかで、多くのことを彼から学んだ。怒られたこともあれば、喜んでもらったことも数え切れないほどある。一端の外商マンとして曲がりなりにもやってこられたのは、すべてHさんのおかげだ、とKさんはいう。

屋敷の方角に向かって頭を下げながら、今までありがとうございました、と更《あらた》めて感謝の言葉を述べ、登録を削除した。

やはり気持ち悪さには代えられなかったそうである。

四十三　ある約束

四国で底引き網漁をしているSさんの話である。

Sさんは幼い頃、漁師をしていた父親を亡くしたという。

台風が近づいたある日、漁に出た父の船は大時化《おおしけ》のために沖に流され、転覆したのだった。その日、漁業組合では漁の禁止の通達を出していた。が、なぜか父親は漁に出て、そのまま帰らぬひととなってしまったのである。

父の跡を継いで漁師になることに母は強く反対した。しかし、義務教育を終えた彼は、自然と海の世界に強い憧れを抱いた。

「血は争えないということかしら」

母はそういい、最終的に漁師になることを許してくれたが、ひとつ約束をさせられたという。決して自分より早く死んではいけない、と——。

Sさんが漁師になって五年ほど経った、ある日のことだった。

その月はひどい漁不作だった。一人前になったつもりでいたが、まだまだ半人前なのかと、ひとり煩悶《はんもん》した。

漁に出ようとしたそのとき、組合から漁の禁止の通達があった。大型の台風が近づいていたのである。しかし、そうもしていられない。老いた母ともらったばかりの妻を養わなければならないのだ。それに妻の腹のなかには新しい命が宿っている。

本格的に到来する前に漁を終えればいいのだろうと、通達を無視し、彼は船を出した。なぜ父があの日、海へ出て行ったのか、わかった気がした。

最初のうちは穏やかだった海も、次第に荒くなってくる。

網を見ると、カレイやヒラメ、ボタンエビなどがたくさん掛かっていた。稀に見る大漁だ。そのとき、中古で買ったばかりの船のエンジン音がおかしいことに気がついた。そう思う間もなく、急にエンジンが停止した。

天候は徐々に悪くなっている。曇天をそのまま反映させたような暗い海は、強風で高く波うっていた。船が揺れるたび、水しぶきが上がり、全身がぐっしょり濡れた。

エンジンは一向にかからない。一体どうしたものか。このまま動かなかったら転覆はまぬがれないだろう。台風はすぐそこまで来ているのだ。——と、そのときだった。

船から二十メートルほど離れた海上に、人影のようなものが立っているのが眼に映った。

「あれは――」

それが誰なのか、Sさんはすぐにわかった。幼い頃に亡くした父親。記憶にある父が、いなくなった日の格好のまま、波間に立って、ゆらゆらと揺れているのである。

「おんぼろ船はよう、気合いで動かさんといかんぜよ、気合いじゃ、気合ッ」

見ると、父の姿はもうなかった。しかし、彼の耳にはその声がはっきりと残っていた。

今一度、エンジンをかけてみる。

バカ野郎ッ、と怒鳴りながら、ありったけの力で蹴飛ばすと、ブロロンッ、と馬が嘶《いなな》くような音を立てながらエンジンは復活した。

「それでどうにか生きて帰ることができたんです。組合と母からは大目玉を喰らいましたがね。船はすぐに買い換えましたよ、新しい船に。お陰で三十年ローンですわ」

そういうとSさんは、陽に焼けた腕を伸ばし、ビールのグラスを一気に呷《あお》った。

グラスの底の泡に、小さな船影が見えた気がした。

四十四　夕陽

宝飾販売業のE美さんの話である。

二年前の初秋の夕方、E美さんは職場の先輩の車に同乗する機会があった。

先輩のB子さんが運転し、E美さんは助手席に座っていたという。

国道から市道へ右折するとき、交差点の横断歩道を初老の男がゆっくりと歩いていた。

先輩は気づいていないのか、減速はしているものの、止まる気配がない。先輩ひといますよ、というと、うん知ってる、と答えたが、まったくブレーキを踏まない。

あっ、危ない撥《は》ねたッ、とそう思ったら、どういうわけか轢いた衝撃がまったくない。すぐに振り返ってみると、道路には誰も倒れていなかった。

「先輩、今のなんだったんですか！」

身を乗り出して訊くと、何事もなかったように涼しい顔で、

「だってあのひと、影がなかったじゃない。あんなに夕陽が当たっているのに、影がないなんてありえないもの」

中古で車を買ってからというもの、この時間帯になると時折そんなものを見てしまうと、先輩はいったそうである。

四十五　北欧のホテル

団体職員のN子さんの話である。

今から十五年ほど前、ひとりで北欧へ赴いたときの出来事だという。

その日、N子さんはストックホルムのホテルをチェックアウトすると、すぐに南スウェーデンのスコーネ地方に向かった。北欧の、とりわけスウェーデンの田舎町を訪れることが彼女の長年の夢だった。宿泊費の相場がストックホルムより格段に安いとあって、事前に連泊の予約を入れていた。

中心都市マルメに着くと、数々の史跡や広大な庭園を見て廻り、陽も暮れかけた頃、ようやくホテルにチェックインした。

安価な料金に見合った、立派とはいいかねる外観だったが、部屋に入るとペールグリーンの壁に北欧らしい趣味の家具がセンスよく配されており、彼女は甚《いた》く感激した。室内も隅々《すみずみ》まで清潔である。ここにして正解だった、とN子さんは思った。

お国柄なのか、ベッドのサイズが大きく、シングルで予約したはずなのに、クイーンサイズのようだった。仰向けに寝そべってみると、適度な硬さと清浄なシーツの匂いが心地よく、そのまま眠りに落ちてしまいそうだった。

「布団のカバーも好みの愛らしい柄で、持って帰りたいほどでした。もちろん、そんなことはしませんけど」

疲れていたので外食する気も起こらず、シャワーを浴びると、そのままN子さんは眠ってしまった。

その翌朝のこと。

目覚めると、カーテンの隙間から柔らかい日差しが入り込んでいる。心地よいまどろみのなか、夢にまで見た北欧の田舎町にいるのね、と、背伸びしながらサイドテーブルの時計を見ようとしたとき、なにかがおかしいことに気がついた。慌てて身を起こした彼女は愕きのあまり言葉を失った。事態をうまく呑みこむことができない。

ベッドに入って眠ったはずなのに、床に置かれたマットレスの上で寝ていたのである。周囲を見廻すと、自分のすぐ脇の壁にベッドは立て掛けられていた。それだけではない。窓辺に接して置かれていたテーブルは部屋のドア近くまで移動している。二脚ある椅子も床の上に無造作に転がり、木製のクローゼットは扉を下にして倒れてしまっていた。

地震でもあったのかと思ったが、それほどの揺れで目覚めなかったのもおかしいし、マットレスと自分がベッドからうまい具合に床に落ちたようになっているのも腑《ふ》に落ちない。すわ泥棒か、とも考えたが、ハンドバッグのなかの財布はそのままで、何者かが荒らした形跡はない。ドアも確認してみたが、鍵はしっかり掛かっていたようだった。

なにが起きたというのだろう。すぐにフロントへ行き、若いフロントマンに昨晩地震がなかったか尋ねた。若者は怪訝な表情を浮かべて、

「この地では、地震らしい地震は起きたことがございません。ええ、有史以来——」

と、そう答えた。では、あれはなんだったのか。

部屋の状況を話したところ、泥棒の可能性を問われたが、財布や貴重品は無事であることを告げると、フロントマンは益々困惑したようだった。

とにかくすぐにお部屋へ伺いますから、といい、更にこう続けた。

「それだけの家具が倒れたのなら、音のクレームが入りそうなものです。しかし、昨晩から今朝に掛けては一件もございませんでしたが」

と、そのときだった。若者の背後からひとりの年配のホテルマンが現れた。白髪の六十がらみの男性である。支配人かなにかだろうか。

バックヤードでふたりのやりとりを聞いていたようで、N子さんのルームキーを見るやいなや、「オイ、オイ（スウェーデン語で驚きの意）」と声を漏らした。

「ご事情は察しました。長らく、――この二十年ほどは――なにごともなく平穏だったのですがね、あの部屋は。今頃になってどうしたというのだろう。もしご連泊されるのでしたらルームチェンジをしますが、いかが致しましょう。ちょうどスウィートが一室空きましたから、よろしければそちらに――」

そういわれたそうだが、すぐにホテルをチェックアウトしたそうである。

四十六　火だるま

主婦のR美さんが高校生の頃、自宅の眼の前の家で火災が起きた。

怖いので窓越しに見ていると、燃え盛る家の外で、火だるまになって、のたうちまわるひとがいる。しかしなぜか、消防士たちは誰も助けようとしなかった。

その家は老夫婦のふたり暮らしだったが、いずれの焼死体も寝室で見つかったという。

四十七　おまもり

八十代の女性Aさんの話である。

終戦間際の、昭和二十年の初夏のこと。

当時、Aさんの両親は小間物屋を営んでいた。ある日、Aさんが店の前に立っていると、突然、眼の前に若い男が現れた。

「誠に申し訳ないが、おまもりを作ってはくれませんか」

急な申し出に戸惑《とまど》っていると、Aさんの手を取りながら、お願いですから、と男がいう。おまもりといわれても、どういったものを作っていいのかわからない。材料もろくなものがないと伝えると、ボロでこさえた人形でいいんです、と男は答えた。そこまでいわれると断るわけにもいかず、渋々引き受けることにした。

そうはいったものの、男が望むようなものが作れるかわからない。いつまでに必要なのか、と訊くと、

「明後日、出動するのでそれに間に合えば。なんでもいいから、小さい人形を作ってください」

その言葉を聞いて、このひとは特攻隊員なのだとわかった。では明日の晩までに作っておきます、と答えると、男は喜びながら帰っていった。すると、どこで立ち聞きしていたのか、同じくらいの年恰好の男がもうひとり現れて、「僕にもひとつ作ってください」という。

Aさんは困ってしまった。が、そのやり取りを五歳下の妹が見ていて、お姉ちゃん私も手伝うよ、といった。このひとも特攻隊員なのだと思うと気の毒でもあり、これも引き受けることにした。

材料が乏しいなか、どんなものを作ればいいのか悩んだ末、当時人気のあった漫画キャラクターの「のらくろ」の人形を作ることにした。しかし手元に本がないので、記憶だけを頼りに、ハギレ布を人形の型に切ると、ボロをなかに詰め込んで縫い合わせた。そう見れば見えなくもないという程度の仕上がりだったが、これ以上は自分にできそうもない。妹も夢中になって作っていたが、縫いかけのそれを見るなり、Aさんは吹き出してしまった。

「動物でも人間でもないような、いや、その両方を合わせたみたいな、変なもんやったな。まあ古いことだで、はっきりとは覚えとらんけどな。なんだか気味悪いもんだったように思うわ。一生懸命作った妹には悪いけんど」

作り直していたらとても間に合わない。申し訳ないが、これで納得してもらおうとAさんは思った。

そして、翌日の晩。

ふたりの男は連れ立ってやってきた。初めに人形を頼んできた男には、Aさんが作った「のらくろ」の人形を、次にやってきた男には、妹の作った「なんだかよくわからない」人形を手渡した。喜んでもらえるか心配だったが、そんな不安をよそに、男たちは何度もAさんと妹に礼を述べた。帰りしな、明朝発つから時間になったら道へ出て手を振ってくれませんか、と男たちにいわれた。

翌朝、いわれた時間に外へ出てみると、ぶんぶんぶうん、と上空から音がする。見上げると数機の零戦が飛んでいた。どれがふたりの乗った飛行機かはわからなかったが、姉妹は空に向かって大きく手を振った。それに応えるように飛行機は二回転すると、翼を上下に動かしながら南のほうに飛び去っていった。

終戦後、十年ほど経ったある日のことだった。

Aさんの家をひとりの男が訪れた。十年前の夏、手作りの人形を渡した人物だった。顔ははっきり覚えていないが、男の言葉で妹が作った人形を受け取ったほうだとわかった。

「私は生きて帰ってきました。あの日、――突撃命令の出た日、私は九州の基地から飛び立ちました。しかし、急な悪天候で私だけ引き返すことになったんです。本意ではありませんでしたが、隊長命令でしたので仕方なかったのです。それからまもなく終戦を迎えました。仲間は皆死に、私だけが生き残ってしまったのです。泣きました。国のために死ねなかったことを悔やむ毎日でした。逝ってしまった仲間たちに恥じる気持ちでいっぱいだったのです。しかし戦争が終わって月日が経ってみると、ひょっとして私は生かされたのかもしれん、と思うようになりました。人形のおかげなのかもしれません。妹さんに作ってもらった、あの人形に守られたように感じたのです」

男の話によると、この十年間、頻繁にあの人形の夢を見るのだという。

動物なのか人間なのかよくわからない、Aさんいわく気味が悪いという、妹の作ったあの人形である。夢のなかでそれは動いたり喋ったりするわけではない。ただぼうっと、その姿が現れるというのだった。

「人形は今でも大事に保管しております。とにかく妹さんにひと言お礼をいいたく、失礼とは思いながら訪問したのです」

そう男はいった。しかし、妹に会うのは不可能なことだった。

終戦後一年もしないうちに、妹は流行《はや》り病で亡くなってしまっていたからである。

かりと充電したはずだ。朝、電車のなかで見たときは電池残量が九十五パーセントだったことをはっきり覚えている。なにか操作ミスで電源を落としてしまったのか。調べてみると、電源が落ちたのではなく、やはり充電切れのようだった。幸い同僚が充電器を持っていたので、理由を話し、借りて充電をし直した。

その夜、帰宅すると妻が泣いている。また電気のことかと思ったが、泣くようなことではない。どうも様子が変だ。嗚咽《おえつ》を漏らしながら、妻は居間のほうを指差している。

はッとした。水槽か。すぐに居間へ行ってみると――。

死んでいた。独身の頃から妻が大切に可愛がってきたディスカスたちが、どんよりとした眼で力なく横を向いたり、腹を上にしたりしている。全滅だった。

サーモスタットのヒーター管の故障が原因だというが、水槽は引っ越しにともない新調したばかりのものだった。それだけではない。冷蔵庫も電子レンジも洗濯機も、ありとあらゆる電化製品がほぼ同時期に壊れてしまったそうである。

五十一　検問

工場勤務のFさんの話である。

五年ほど前のある日、急な残業で作業を終えると深夜の十二時近くになっていた。

――明日も早いし、帰ったらバタンキューだな。

そんなことを思いながら、自宅へ向かう農道を車で走っていると、前方に煌々とした赤色灯が見える。パトカーが路肩に停まり、その横に警察官が立っているようだった。

なにかあったのだろうか。ゆっくり近づいていくと、「止まれ」と書かれた誘導棒で、Fさんに停車するよう指示してきた。

別に咎《とが》められることはしていないが、なんとはなしに落ち着かない気分になった。若い頃に友人としでかした犯罪とはいえないような軽い悪さまで頭に浮かび、俄《にわ》かに緊張を強いられる。変に強気に出ても却って怪しいし、挙動不審になるだけだ。なるべく自然なふうを装って、パワーウィンドウのスイッチを押した。すると――。

誰もいない。警察官はおろか、パトカーも見当たらない。一瞬の間に掻き消えていた。

時間にしたら一秒も経っていない。

ぽつんと、自分の車だけが道路の真ん中に停まっている。付近は街灯も民家もなく、ただひたすらに暗い。Fさんの車のヘッドライトだけが道路に照射されている。

「えッ、どういうことだよって。よっぽど疲れてたのかと、そのときは思ったんですが」

翌日、職場の先輩にそのことを話してみた。すると、たしかに以前、その場所で検問が行われていたことがあったという。

「それはいつ頃のことですか、と尋ねたら、自分が小学生の頃だから三十年近く前だというんです。市道が通る前はそれなりに交通量があったそうですが、今はほとんど車が通らないので、あそこでは検問などしとらんよ、と。そういえば——」

パトカーがやけに旧式で、妙にかくかくしたフォルムでしたから。ほら、昔の刑事ドラマに出てくるような、あんな感じだったんですよ。

それ以降というもの、他の道路で検問に出遇《でくわ》しても、これは本物ではない、と思ってしまうそうだ。

五十二　釘

通信機器メーカーに勤めるJさんの話である。

Jさんの自宅の北側の土地に新築の家が建つことになった。挨拶に来たのは三十代中頃の感じのよい夫婦で、少しうるさくなるかもしれませんが、という。

「昼間は仕事に出てますし、夜も帰りが遅いですからかまいませんよ」

そう答えると、慇懃《いんぎん》に礼を述べて夫婦は帰っていった。基礎工事が終わるとすぐに建材が運び込まれた。大工たちはよほど仕事熱心と見えて、朝は八時から夜は九時近くまで作業をしていた。

ある休日の朝、Jさんが布団のなかで惰眠《だみん》を貪《むさぼ》っていると、トントントン、トントントン、と釘を打つ音が聞こえてくる。おいなんだよこんな早くから、そうぼやきながら置き時計を見ると朝の七時前だった。横の妻を見ると、すやすやと眠りこけている。

「おい、こんな朝っぱらから工事していやがる。こっちは貴重な休日なんだぞ」

その声でようやく妻が起き出した。

「隣だよ。ほら、聞こえるだろう、釘を打つ音が」

そんな音は聞こえないと妻はいう。そんな莫迦な。ほら、聞こえるじゃないか。文句のひとつでもいってやろうか――。そう思い立ち上がって、北側に面した窓を開けた。すると、誰もいない。大工はひとりも来ていないし、車が止まっている様子もない。

結局、家が建つまで彼だけが早朝の音に悩まされたそうだ。その後、引っ越してきた夫婦だが、一年もしないうちに離婚してしまったという。妊娠していた妻が死産したことで諍《いさか》いがあったとのことだった。

私の聞いた音とは関係ないと思いますが、とJさんは語る。

五十三　タイムカプセル

印刷会社に勤めるOさんの話である。

今から七年前のある日、小学生のときに友人たちとタイムカプセルを埋めたことをOさんは突然思い出した。それは校舎脇に広がる林のブナの巨木の根元で、二十歳になったらみんなで掘ろうと決めたのだった。が、そのことを忘れたまま中学、高校を卒業し、それぞれ進学したり就職したりした。成人式で久しぶりに集まったときもそんな話にはならなかったし、その後もタイムカプセルのことを話題に挙げる者はひとりもいなかった。

数年ぶりにOさんは当時の友人のひとりに連絡をとった。

「俺たちさ、小四ぐらいのときにタイムカプセル埋めたことあったよな」

そう尋ねると、たしかそんなことあったな、と友人。

しかしその後、誰かが掘り返したという話はふたりとも聞いたことがない。ならば一緒に掘ってみないか、ということになった。

友人と休みを合わせ、小学校の前で待ち合わせをした。スコップ片手に校舎脇の林に入り、ブナの巨木の前に立った。

「たしかここだったな」

埋めたと思しき場所にスコップを突き立て、黙々とふたりは掘り進めた。記憶では地表から三十センチほどの深さに埋めたはずだが、なぜか一向に出てこない。

場所が違うのだろうか。が、友人もこの樹の根元で間違いないという。誰かがすでに掘り出してしまったのか。もっとも長い年月が経っているのだから、腐葉土が堆積しているのに違いない。もう少し掘ってみようとOさんはいい、全身を汗で濡らしながら一メートル三十センチほど掘ったところで、友人のスコップの先が、かつん、となにかに当たった。

Oさんはスコップを放り投げ、手で土を掻き分けると丁寧にそれを取り上げた。

茶色のビール瓶。

埋めたときはビニールを一枚被せていたはずだが、腐食して無くなっているようだった。当初は洋菓子のスチール缶に入れるつもりだったが、誰かが錆《さ》びるだろうといって、急遽ビール瓶に変えたのだ。瓶を手にした瞬間、そのことを思い出した。

「それだよ、それ。うわっ、懐かしいな」

友人もそういって笑う。嵩《かさ》ばるものは入らないので、将来の夢や二十歳の自分に向けたコメントなどを紙に書いて封じ込めたのだ。

ふたりはそれを持ち帰ると、地面に叩きつけて割ってみた。すると——。

少年時代の夢など、そこにはなかった。その代わり、残高が五十円の預金通帳が一冊、ぐるぐるにまるめられた状態で入っていた。記名部分はペンで黒く塗り潰されており、名前は見えそうで見えない。

それだけではない。なにかの動物の骨のような白い欠片《かけら》が三つ、それと年代物と思われる古い型のデジタル腕時計がひとつ収まっていた。しかも愕《おどろ》くことに、腕時計は十分遅れ程度で動いていた。後日調べたところ、アラームやライト機能など不要な動作をしなければ、二十年ほど電池がもつことはあるという。

「たぶん誰かが埋めた瓶を掘り出しちゃったんでしょう。それも大人が埋めたやつなのかな、と。入っていたものがまったく子どもっぽくないですし、タイムカプセルらしくもないので、それがなんだか気持ち悪くて――」

どうしていいのかわからず、埋めたひとには申し訳ないが、すべて捨ててしまったそうだ。

自分たちのタイムカプセルは一体どこにいってしまったのか。この謎の瓶を埋めた人物が掘り出してしまったのだろうか。

しかし、Oさんにとって一番の疑問は、瓶の口の直径からすれば、腕時計も骨片もどうやっても入らないことだったという。

五十四　ブラック・レディ

塾経営をしているRさんの話である。

一九八二年のことだという。当時Rさんはイギリスのロンドンに留学していた。

その年の晩秋のある日、スペイン人の友人宅でパーティーがあり、話がはずむうちにすっかり遅くなってしまった。時計を見ると、夜の十一時を廻り、そろそろ終電かという時刻になっている。これはいけない、と慌てて帰ることにした。泊まっていけばいい、と友人はいったが、翌朝早くから用事があったので、その日のうちに帰らなければならなかった。

友人のフラットはイースト・エンド地区にあったが、オリンピックを機に再開発された現在では想像もつかないほど、その当時は治安が悪かった。十九世紀に流入してきた貧困層や他国から移民してきたひとたちによって一大貧民街が築かれており、百年近く経ったその頃にも、まだ往時の面影が其処《そこ》かしこに残っていた。

路地は網目のように複雑に入り組んでおり、一歩大通りから奥に入れば迷子になってしまいそうだった。橙《オレンジ》色の街灯が道路を僅かに照らしているなか、延々に続くかと思われる古びた建物の脇を、足早にホワイトチャペル駅方面へと彼は急いだ。

夜も更けているというのに所々にひとはいて、一見して物乞《ものご》いとわかる者、ジョイント（大麻）を買わないかと近づいてくる輩《やから》も、ひとりふたりではなかった。

するとそのとき、酒を呑みすぎたためか、猛烈な尿意にRさんは襲われた。

パブが営業していればトイレを借りることもできるが、すでにどこの店も閉まっている。一体どうしたものか。駅まではまだかなり距離がある。どう考えても持ちこたえられそうにない。異国の地で申し訳ないとは思ったが、漏らすわけにもいかず、立小便をすることにした。とはいえ、往来のあるところでするのは気が引けるので、脇に延びる路地の奥に入っていき、適当な場所でズボンのファスナーを下げ、灰色のレンガ塀に向けて一気に放った。その間も誰か来て咎められるのでは、と気が気でない。早く終わらせたいが、よほど膀胱《ぼうこう》に溜まっていたようで、尽きることがない。――と、そのとき。

自分がレンガ塀に付けた黒い染みと、その下に広がった水溜まりがひとの像のように見えた。そんな莫迦《ばか》な、と怪訝《けげん》に思いながら観察していると、紛《まぎ》れもない女性のフォルムであるのに気づいた。するとその瞬間、黒い染みがレンガ塀から剥がれるように浮かび上がり、独立した。

なんなんだ、これは――。

いまや完全な人間の姿となって、眼の前に立っている。それはたしかに女のようだが、目鼻といったものがなく、全身が、肌も洋服もすべてが塗り潰されたように黒一色だった。歯の根が合わぬほどの恐怖に襲われ、膝《ひざ》ががくがくがくがくと震える。

「ゴッド……」

消え入るような、か細い女の声が耳元でした。そう思った次の瞬間、断末魔のごとき凄まじい悲鳴が彼の脳内にぐわんぐわんと響き渡った。

あまりのことにファスナーを上げるのも忘れ、後退りながら一目散に駆け出した。

「終電には間に合ったんだけどさ、穿《は》いていたジーパンにおしっこの染みがたくさん付いちゃってね。恥ずかしかったけど、それどころじゃなかったんだよな、あのときは」

この晩のことは長年不思議に思っていたが、誰に話すこともなかったという。

帰国してからは日々の雑事に追われるうちにすっかり忘れていたそうだが、最近ふと思い出して、インターネットで件の場所を検索してみると、一八八八年に切り裂きジャックが娼婦を殺害した、まさにその犯行現場だったそうである。

五十五　お歳暮

富山県に住む六十代の主婦S代さんから聞いた話である。

三年前の年末、古い知人で北海道に住んでいるT子さんからお歳暮が届いた。包みを開けてみると、豪華な海鮮物のセットだった。

感激して、すぐにT子さんに電話を掛けると、「ただいま電話に出ることができません」というメッセージが流れた。電源が入っていないのだろうと、翌日再び電話を掛けてみたが、「ただいま電話に出ることができません」という音声だけが流れる。結局、四日連続で複数回電話を掛けてみたが、すべて同じ結果だった。

T子さんは七十代の後半とあって、なにか病気でもして、電話に出られない状態なのではないかと、S代さんは心配した。そこで御礼の手紙をしたためて、読んだら連絡をしてください、と書き添えて送った。

その数日後、T子さんの弟を名乗る男性から電話があり、姉は亡くなったのだという。

突然心臓の不調を訴えて、その日のうちに入院したそうだが、翌日に容態が急変し、心肺停止に陥って、そのまま息を引き取ったというのだった。更に話を聞いていくと、T子さんへのお歳暮の配送手続きを済ませた、その日の夜に具合が悪くなったことがわかった。

北海道から富山まで、配達に三日は掛かるはずなので、最初に電話を掛けたとき、すでにT子さんは亡くなっていたことになる。それは電話に出られないはずだと、S代さんは思った。が、あることを思い出して、鳥肌が立った。

「普通、『ピーという発信の後に』っていうメッセージが一緒に流れるでしょう。あれがなくて、『ただいま電話に出ることができません』って、ただそればかりが繰り返し流れていたから、なにかおかしいとは思ったのよ」

不可解なことは、それだけではないという。

メッセージの音声が、いくぶん無機質で機械的ではあるものの、T子さんの声によく似ていたそうである。

五十六　人命救助

私の話である。

二十年ほど前の初夏のある日、私は友人たちとA河川敷でバーベキューをしていた。

A川は槍ヶ岳《やりがたけ》が源の、犀川《さいかわ》の支流となる一級河川である。

その日は朝から好天で川の流れも穏やかだった。当初はキャンプ場で行う予定だったが、人数もいるので開放的な場所のほうがいいだろうと、この河川敷に急遽決まったのだった。

食事をしながら歓談していると、友人のひとりが川のほうを指差しながら、

「おい、見てみろよ。あれちょっとひどくねえか」

見ると、対岸から一組の親子が流れのなかをこちらに向かって歩いてこようとしている。

小学生ほどの男児は怖がって腰が引けているが、父親と思われる男は怒鳴《どな》りつけながら、その腕を引っ張って、ぐんぐんと川のなかに進もうとしている。

「なんだあれ。スパルタ教育かよ。いくらなんでも時代錯誤ってもんだろ」

口々にそういいながら缶ビールを飲んだりしているが、親子が気になって仕方がない。

川幅は十五メートルほどで、川底もそれほど深くはないはずである。しかし、来たときには穏やかだった流れは水量を増して、勢いも強くなっていた。この流れのなかを向こう岸から歩いてくるのは無謀なことのように思えた。それも単独ではなく、小さな子どもを連れてなど無理に決まっている。すると、そのときだった。

「おおい、助けてくれッ」

一斉にそちらを見ると、川の真ん中で父子は動けなくなってしまっていた。必死の形相でこちらに向かって手を振っている。父親の足元の水勢がひと際速くなっており、少しでも足を滑らせれば、ふたりもろとも流されてしまうに違いなかった。一刻の猶予《ゆうよ》もない。

すぐに駆けつけると、話し合うのもまどろっこしく、私たちは眼で合図を送り合った。数珠《じゅず》のように手を繋ぎ、一列になる。十数人の者がいたので、それは結構な長さになった。端の者が大きな岩に手を掛け、私たちは川のなかにざぶりざぶりと入っていった。列の端の者が腕を伸ばし、父親の手を握る。そしてこちら側に力いっぱい手繰り寄せた。子どもは懸命な顔で父親の手を掴んでいる。急流を無事に渡り切ると、ふたりはよろめきながら岩場に座り込んだ。父親は顔面蒼白、子どもはぶるぶると震えている。

「あんた、危ねえだろうが。子どもがこんな川を渡れるわけねえだろ。誰もいなかったらどうするつもりだったんだよ、おい、聞いてんのかッ」

友人のひとりがそう大きな声を出すと、まあまあ、と他の者が宥《なだ》める。父親は力なく項《うな》垂《だ》れたまま、すみません、と小さく呟いた。

すると、私の横にいた友人が頻りに首を捻っている。なんだよ、と訊くと、耳元に顔を寄せて、こう囁《ささや》いた。

「もうひとりいた気がするんだけどな。全身ずぶ濡れになった女の子が、その子と手を繋いでいたような……」

父子のことは私も見ていたが、そんな少女などいなかった。父と男児のふたりだけだったはずだ。見間違いだろう、というと、そうだったのかな、と友人は訝しげに首を捻った。

それから三ヶ月ほど経ったある日のこと。

先の友人が近所の河川敷で犬の散歩をしていると、堤防の路肩にレスキュー車が停まっている。なんだろうと河川のほうに眼をやると、流れの真ん中に先日の父子と思われる人物が立ち竦《すく》んでいた。岸にはレスキュー隊員が集まり、真剣な顔で協議している。

――またあの親子かよ。ったく凝りねえな……。

そのとき、友人は見たのだという。

先日は見間違えかと思っていたが、やはり三人だったというのである。しかし男児の手に繋がれていたのは女児ではなく、年齢も性別もよくわからない、いや、ひとなのかどうかも判別のつかない、ぶよぶよとした白い肉塊《にくかい》のようなものだった。

「肉焼くときに使う牛脂あるだろう、まさにあんな感じだった」

ちなみにその川は、私たちが父子を助けたA河川敷ではなかったそうである。

五十七　もくず

Mさんという八十代の男性の話である。

昭和十九年の盛夏のことだという。そのとき、Mさんは八歳だった。

ある日、Mさんは母親から隣村の乾物屋までお使いを頼まれた。距離にして十五キロほどの道程を徒歩で向かわなければならない。

その日は朝から暑かった。

最初のうちは軽い足取りだったが、半分も来た頃には着ているものが汗でぐっしょりと濡れた。粗食ながらも腹いっぱいに朝飯を食べてきたつもりだが、どうにも空腹で堪《たま》らない。弁当などは持たされていなかったので、我慢するほかなかった。

陽が暮れるまでに用事を済ませ、帰ってこなければならないので、ぐずぐずしている暇はない。腰に垂らした手ぬぐいで額《ひたい》の汗を拭うと、再び歩き出した。

両脇は畑と田圃《たんぼ》しかない田舎道である。もちろん舗装などされていない砂利道とあって、小石を踏む感触が安物の草履を通して足裏に伝わってくる。時折躓《つまず》いて、転びそうになりながらもひたすら歩き続けた。この道を真っ直ぐに行けば、隣村の目的の店には着く。今までにも何度か行ったことがあるので、迷う心配はない。

するとそのとき、Mさんの進む百メートルほど前に、男がひとり歩いているのに気がついた。遠いのではっきりとは見えないが、後ろ姿なので同じ方向に進んでいるようだった。

しかし、いつからいたのだろう。脇目も振らず前を向いて歩いていたはずなのに、どうして今まで気づかなかったのか。不思議に感じながらも男の後ろを行くと、どこか見たことがある背中のような気がしてきた。と、その刹那、それが誰の背中なのか、Mさんの脳裏にはっきりと浮かんだ。が、すぐに心のなかで打ち消した。

「兄《にい》やんによう似ているけど、いやいや、そんなはずはない。だって、兄やんは戦地に行ってしまったんだから――」

Mさんには十歳年の離れた兄がいたが、二ヶ月前に出征していた。還《かえ》ってきたことなど両親からも聞いていないし、戻るにしても早すぎるのでは、と幼心にもMさんは思った。

背中を見つめながら歩き続けるが、ふたりの距離は一向に縮まらない。仔細に眺めていると、どうやら前を行く人物は軍服を着ているようだった。

やはり兄なのだろうか。――と、その時だった。

その人物は突然立ち止まり、後ろを振り向いた。小首を傾げた格好で、Mさんのことをじっと見つめている。やがてふたりの距離が五十メートルほどになったとき、Mさんは知らず大きな声を上げていた。

「兄やん、兄やんっ！」

丸眼鏡に軍帽を被り、腹と背がくっつきそうなほどの、ひょろっとした躯。兄に間違いなかった。

全速力で駆ける。いつのまに還ってきたのか。とにかく無事でよかった。

まだ八歳のMさんにも戦地へ赴くとはどういうことなのか、はっきりとわかっていた。

兄は首を傾げたままの格好で、弟が駆けて来るのを見つめている。蒼白い顔である。南のほうに行ったと聞かされていたから、てっきり黒く日焼けしているものと思っていたので、Mさんは愕いた。

「兄やん、いつのまに戻ったん？　父さんも母さんもなんもいうてなかったけど」

肩で息をしながらそういうと、弟の頭を兄は優しく撫でた。無表情だった。

しばらくそうしていたが、やや間があった後、兄はMさんに向かってなにごとか呟いた。が、なにをいったのか、聴き取ることができない。思わずMさんは聞き返す。すると——。

「もくずとなれり」

女性のような、まるで消え入りそうなか細い声で、兄はぼそりと、そう呟いた。途端、兄の姿は急にぼんやりしたものになった。次第に輪郭が薄くなり、やがて周囲の景色に溶け込むようにして、消えた。

幻だったのか。あまりにも疲れ果てて、歩きながら夢でも見たのだろうか。それにしては現実的すぎる。兄に撫でられた感触が頭に生々しく残っていた。不思議に思いながらもMさんは用事を済ませて、日が暮れる前に無事帰宅した。

その約ひと月後、九月の初めのことだった。

兄の戦死を報せる通知がMさんの家に届いた。駅から自宅までMさんが白木の遺骨箱を持つことになったが、箱は異様に軽かった。

死んでしまうと、人間はこんなに小さくなってしまうのか。

国防婦人会のひとたちや近くの小学校の生徒たちが、ずらりと道の両側に並び、兄の遺骨を迎えてくれた。名誉の戦死である。

家には親戚一同が集まっていたが、悲愴な雰囲気ではなかった。あちらこちらで時候の挨拶や戦況の話をしていて賑やかだった。すると誰かの言葉で、遺骨の入った箱を開けてみることになった。恐る恐るMさんが開けてみると——。

空《から》だった。と、そう思ったが、よく見れば、箱の奥底に一葉の写真が収まっている。

兄の写真だった。小首を傾げた無表情な顔。

ひと月前、砂利道で会った兄の姿そのままだった。じっとレンズを見つめる眼差しも、あの日、Mさんに向けられたのと同じである。

写真を裏返すと、角ばった乱暴な字で兄の名前が綴られている。その横に「海軍三等飛行兵曹　十九年七月二十五日、南洋諸島ニテ戦死ス」とあった。

母は突っ伏して泣いた。父は尻餅をついたように畳に座り、黙り込んでしまったという。

*

本原稿を書いた後、福澤徹三《ふくざわてつぞう》さんの『忌談　終』（角川ホラー文庫）を読んでいたところ、非常に気になる記述があったので追記しておきたい。

「奇縁」という話のなかで、宇野信夫《うののぶお》著『私の出会った落語家たち』（河出文庫）の抄録が記載されているのだが、昭和の名人と謳《うた》われた落語家、八代目桂文楽《かつらぶんらく》の話として、以下の文があり、一読した瞬間、私は愕きを禁じえなかった。

戦前、子どものいなかった桂文楽は養子をもらった。

しかし戦争がはじまると、養子は戦地にいきたいといいだした。文楽は猛反対したが、養子はそれを振りきって戦地へむかった。

文楽は養子の身を案じて気が気でなかったが、あるとき、四代目柳家小さんの妹が雑司ヶ谷で「拝み屋」をしているのを耳にした。

妹とは顔見知りだし、当たると評判で繁盛しているらしいので、養子の運勢を占ってもらった。小さんの妹は祭壇にむかって数珠を揉みながら、経文を唱えた。

やがてなにかが乗り移ったように躯を震わせてから、

「もくず――という言葉が出ました」(原文ママ)

もくずとはどういう意味なのか、小さんの妹も文楽もわからなかったが、それから半年後、養子の乗った船が撃沈されて全員が死亡したという知らせが届いた。

そのとき「もくず」とは、海の藻屑だとわかったという。

五十八　姫鏡台

長野県に住む七十代の女性S子さんの話である。
昭和二十二年頃のことだという。
遠縁にあたる七十八歳のお婆さんをS子さんの家で引き取り、面倒を見ることになった
「いつも炬燵《こたつ》にあたりながら、幼い私たちと花札をして遊んでくれました」

そんなお婆さんだったが、ある日、大量の鼻血を出したことがあった。そのことが起因したのか、それ以降すっかり元気がなくなってしまった。

常にうつらうつらうつらとして半醒半睡のような状態だった。声を掛けても返事をしないこともある。かといって、呆けている感じでもない。老人特有のものかしら、とS子さんをはじめ、家族は軽く考えていた。

そんなある日のこと。

お婆さんが寝ている枕元で、S子さんは人形遊びをしていた。口を少し開けて、お婆さんは安らかな寝息を立てている。と、そのとき、箪笥の上に据えられていた木製の姫鏡台が、突然ふわりとお婆さんが眠る布団の上に落ちた。

「地震で揺れたというのではないんですよ。音もなく、綿が舞うように落ちたんです」

それが原因で、まもなくお婆さんは息を引き取った。苦しむ様子はなかったそうだ。

「あれから半世紀ほど経ちますけど、あのときの光景を今でも思い出すことがあってねえ。あれは一体なんだったのか、不思議で仕方ないんですよ」

五十九　理髪店

知人のFさんの話である。

二年前の初夏のある日、出先で急に髪を切りたくなったFさんは、通り掛かりに理髪店を見つけ、入ることにしたという。

看板には「理容」とあり、縞《しま》模様のサインポールがあるので、どうやら床屋のようである。しかし昔ながらのそういった感じはなく、今どきの美容室のように洒落《しゃれ》た外観だった。新規開店したばかりなのか、建物自体、新しく清潔そうである。

なかに入ると理容師はふたりいて、いずれもまだ二十歳そこそこの若者だった。ふたりとも茶髪で、片方は腕に稚拙《ちせつ》な刺青が彫り込まれている。

先客は三人いたが、すぐにFさんの番になった。大まかに指定しただけなのに、そこはプロというべきか、手際よく思い描いていた髪型に近づいていく。若いがなかなかやるな、とFさんは思った。

ひと通りカットが終わると、今度は椅子の背凭《せもた》れを倒され、顔にホットタオルを当てられた。顔剃りだろう、とそう思ったとき——。

両眼はタオルで隠されているのに、男が剃刀を持っているのが見える。鋭利な刃を見せつけるように水平に持ちながら、思い詰めた表情でこちらににじり寄ってくる。

その刹那、志賀直哉《しがなおや》の小説を彼は思い出していた。気の触れた理髪店主に首を掻き斬られる話だ。一旦、そんなふうに感じると、是が非でもそうなるような気がし、いてもたってもいられない。

しかし、なぜなのか。瞼《まぶた》を開けると、タオルで視界は塞がっている。なのに、剃刀《かみそり》を手にした男の姿が頭から離れず、すぐ眼の前に立っているとしか思えない。怖ろしくなり、思わず顔のタオルを払い除けた。すると、理容師はシェービングブラシを泡立てながら、不思議そうにFさんを見つめている。

「どうかしましたか」

そう問われ、いやなんでもありません、と答えたが、どうにも我慢がならない。このままおとなしく座っていたら殺されてしまう気がする。

「今日は時間がないので、顔剃りは結構です」

そういって、そそくさと立ち上がり、仕上げもしてもらわずに店を後にした。

後日、その体験を友人に話すと、最初は軽く聞き流されていたが、突然なにかを思い出したように、おいそれどこだよ、と訊く。詳しい場所を告げると、友人は眼を瞠《みは》った。

「その床屋ができるまで、あそこは青空駐車場だったんだけど、その前は小さな会社というか、事務所みたいな建物があったんだ」

あれはたしか就職した年だから、一九九四年か九五年だったか、その建物で殺人事件があってさ。その頃、お前は東京の大学に行っていたから知らなかったと思うけど——。

友人の話によると、当時その場所にあった会社に売上金を狙った強盗が押し入り、女性従業員が鋭利な刃物で喉を掻き斬られ、殺されてしまったのだという。強奪された金は三千万円にも上るというが、犯人は現在も捕まっていないそうである。

ということは、殺された女性が見た最後の光景を彼は見てしまったのだろうか。

ひとつ疑問に思ったことを私は尋ねてみた。

「Fさんが見た剃刀を持った男というのは、理容師さんとは別人だったんですか」

すると、Fさんは少し眼を瞑《つむ》って、

「髪の色とか、ぱっと見の雰囲気は似ているんですけどね、でも、よく考えてみると、顔も体型も着ているものも、まったく違いましたね。あのときはそんなこと頭にありませんでしたけど。とにかく殺されるって、ただそれだけで」

実は最近、近くに行く用事があったので、私も件《くだん》の理髪店に行ってみた。

たしかに若者がふたりで廻している店だった。いわゆる霊感めいたものを私は持ち合わせていないので、Fさんのような体験を味わうことは一切なかった。

ちなみに彼のいうように理容師の腕は大変によく、仕上がった髪型は家族に好評だったことは付記しておきたいと思う。

六十　少年

神奈川県でラーメン店を営むKさんの話である。

Kさんの趣味はサーフィンだそうだが、玄人はだしの腕前で、数々のアマチュア大会で優勝するほどだという。そんな彼が今から十年ほど前に体験したことだそうだ。

ある日、初めて赴いた海岸でパドリングしていると、五十メートルほど先の沖合にひとがいるのが見えた。その様子がただごとでない。

こちらに向けて手を振っているのかと思いきや、下に引っ張られるように沈んでしまう。それを何回も繰り返している。ひょっとして溺れているのではないか。

ボードに乗ったまま、そちらに向かって彼は急いだ。近づくにつれて、それは中学生ぐらいのイガグリ頭の少年で、本当に溺れているようだった。

「おい、がんばれ、今助けるからなッ」

そう叫びながら、必死に腕を掻き、あと五メートルほどに迫ったとき、忽然と少年の姿が消えた。

すわ間に合わなかったか！

すぐにリーシュコードを外して海中に潜ったが、どうしたことか少年が見当たらない。それほど深く沈んではいないはずだが、見つけることができなかった。

すぐ浜辺に戻り、レスキューに事の次第を告げると一斉に捜索が始まり、辺りは一時騒然となった。しかし、少年が発見されることはなかった。

後日の調べで、行方不明になっている少年の届けは出ていないことがわかり、流木かなにかを見間違えたのではないか、との結論になった。Ｋさんは納得できなかったが、受け入れるしかなかった。

一連の出来事をサーフィン仲間に話すと、十五年ほど前に、その海岸で溺れ死んだ子どもがいるという。亡くなったのは当時、中学二年生の少年とのことだった。

そうなると、自分が見たのは幽霊だったのだろうか。思い出すだに、あれは流木などではなく、ひとの形をしたものだった。

すっきりしない気持ちを抱えたまま、Kさんはそのシーズンを終えた。

翌年の夏。

また同じ海岸でサーフィンをしていると、三十メートルほど離れた海上にひとがいるのが見えた。こちらに向かって手を振っている。これは――、とKさんは思った。

去年のあの光景とまったく同じではないか。眼を凝らすと、やはり中学生ほどの少年が手をばたつかせながら、浮いたり沈んだりしている。そればかりでなく、たすけてッ、と短く叫ぶ声まで聞こえてきた。

これも幽霊なのだろうか。どう見ても流木などではなく、ひとである。やりすごすという考えが一瞬、頭を過ぎった。しかし声まで聞こえてきては、近くまで行ってたしかめなければ気が済まない。最初は半信半疑だったが、溺れている様子が真に迫っているので、俄《にわ》かに緊張を強いられた。幽霊ではなく、本当にひとが溺れているのかもしれない。

すぐそばまで近づいても、前回のように姿が消えることはなかった。ボードに乗ったまま少年の腕を掴み、一気に自分のほうに手繰り寄せる。果たして、少年は生身の、生きた人間だった。自分の代わりに少年をボードの上に乗せて、なんとか浜辺まで辿り着いた。

その後、少年は救急車で運ばれたが、少し海水を飲んでいる程度で無事だったと伝えられ、Kさんは安堵した。

数日後、彼の経営するラーメン店に両親が訪れて、平身低頭謝りながら何度も感謝の言葉を述べられたそうである。

「幽霊だろうと見て見ぬ振りをしていたらと思うと、ゾッとしますよ。予知というんですかね、前に見たのは幽霊ではなくて、この彼だったんじゃないかと思ったんですけど――」

Kさんが最初に見たのはイガグリ頭の少年だったが、助けた少年は普通のスポーツ刈りだったという。

毎年、少年からは年賀状が届くそうである。

六十一　炊き出しにて

ＮＰＯ職員のＭさんがホームレス男性から聞いた話である。

ある日、炊き出しの列に並んでいると、向かいのマンションの一室がまる見えになっている。男女が濃厚な口づけを交わしていた。すると、もつれあいながらふたりは裸でベランダに出てきた。女の顔を見ると、どこかで見たような顔だった。が、いつどこで会ったのか、どうやっても思い出せない。男の顔を見た途端、絶句した。

若き日の自分に瓜ふたつだった。

炊き出しのメニューはカレーだったが、まったく味がしなかったという。

六十二　本当の幽霊

出版社に勤めるM子さんは語る。

M子さんは幼い頃からいわゆる霊感体質だそうだ。といって、始終そういうものが見えるわけではない。連日のように見ることもあれば、数年に亘《わた》って見ないこともあった。それが、この半年ほど頻繁に見るのだという。

「時間とか場所とか関係ないんです。それこそ昼間の雑踏で見ることもあれば、夜中に自分の部屋にいることも」

どういう感じで見えるのですか、と私は訊いた。

「ほら、よく幽霊が好戦的に描かれた映画とか本って多いですけど、あんなの全部嘘ですよ。見えないひとの妄想です。本当の幽霊はそんなんじゃありませんから。なんていうのか、ただそこにいるだけなんです。いわゆる心霊写真のような感じというか」

そういう写真のすべてが本物とは限りませんけど、とM子さんは付け加える。

本当の幽霊は、物陰や誰かの背後にひっそりと佇《たたず》んでいるだけなんです、とM子さん。

動きこそすれ、話すことなどありえない。ましてや襲ってくるなど噴飯物《ふんぱん》ですよ、と笑う。

「となると、祟りや障《さわ》りといったものはどうでしょう。それらはある意味、幽霊が攻撃する一例だと思いますが」

「そういうのは全部気のせいですよ。こじつけだったり、思い込みだったり。悪いことが続いて気が塞いでいるときに霊能者からもっともらしく、これは霊障です、なんていわれたら誰だってそんな気がしちゃいますよね。くだらないです。この世になにかしら未練や執着があって霊は姿を現しますが、所詮はそれだけのことです。それ以上のことはできないんですよ」

「――そうですか。ではそういうものを見て、あなたの身になにか変わったことが起きたとか、そういったこともないのですか」と最後に私は尋ねた。

「特にはありませんね。そういうのを見てしまったら、成仏するようにお祈りはしますけど。といっても、素人習いの観音経ですが。ただ――」

幽霊を目撃するたびに体重が二キロぐらい減ります、とM子さん。なので、ダイエットは無縁だそうである。この半年だけでも十キロほど痩せたという。

六十三　陰気な部屋

銀行員のC子さんの話である。

五年前、友人とふたりでインド旅行に出掛けたときのことだという。

インドに行けば人生観が変わる――そんなありふれたキャッチコピーに触発されたらしいが、濁ったガンジス川で沐浴する人々や川岸に設けられた火葬場、路傍に打ち捨てられた犬猫の屍骸、異常に混みあった交通機関などを目の当たりにし、たしかに色々と考えさせられたそうである。

女のふたり旅とあり、安宿ではなにかと不安なので、それなりに格式のあるホテルに宿泊することにした。チェックインした、その日の夜のこと。

ホテルの部屋でテレビを観ていたが、なにを喋っているのかわからないので、次第に退屈になり、そろそろ眠ろうかということになった。テレビを消そうとした瞬間、画面の色調が変わった気がした。歌や踊りの陽気な番組を観ていたはずだが、やけに画質が粗《あら》く、手振れのひどい映像になっている。まるで素人が撮影しているようだった。

画面には陰気な部屋が映っている。映像は薄暗いが、いかにも不衛生な感じである。すると、部屋の一隅に四、五人の男たちが立っているのがわかった。現地の人間と思われるが、それぞれが落ち着かない様子で、にやにやと嗤っている者、妙な科《しな》を作りながらおどけている者、腰をくの字に曲げて奇声を発している者もいる。やがて、なにかをきっかけに、男たちがひとり去りふたり去りし、ついには誰もいなくなった。——と、そう思ったのだが、床の上に女がひとり、後ろ手を縛られた状態で横たわっているではないか。それも全裸である。尻がこちらに向いているので顔は見えないが、髪の感じや躯のフォルムから若い欧米人ではないかと思われた。死んだように女は動かない。

ふたりは画面に釘付けになった。サスペンスドラマかなにかだろうか。そんなものがこの地にあったとは初耳だが、それにしても随分と過激な演出ではないか。

そうC子さんが思った瞬間、画面の手前からひとりの男が現れた。手になにか長いものを持ち、ぶんぶんぶんぶんと振り回している。一瞬、男が振り返ったときにカメラのほうに向かって嗤《わら》った。眼が合った気がして、C子さんはゾッとした。

男が手にしているのは刃物のようだったが、いまだかつて見たことのない形状をしていた。一歩一歩、男は女の元に近づいていく……。

その刹那、画面が再び最初の映像に切り替わった。派手な身なりの肥えた男が朗らかに唄っている。その周りを色とりどりのサリーを着た女たちが、軽快にステップを踏む。

ふたりは唖然としながら顔を見合わせて、今のはなんだったのかと話し合った。すぐにチャンネルを変えてみたが、他はニュースやコミカルなドラマで、先ほどの陰気な部屋の映像は見当たらなかった。

帰国後、合コンの席で海外旅行の話題になり、C子さんはあの夜のことを話した。すると向かいに座っていた男性が、それはスナッフビデオではないか、といった。世の中には本物の殺人場面を録画したビデオがあり好事家の間で流通している、というのだった。

「南米あたりではそんなものがあるというけどね、インドというのは初めて聞いたな」

そう男性は呟いた。しかし、テレビでそんなものを放送することなどありえるだろうか。見間違いや勘違いでないのは、あの晩一緒にいた友人と後日そのことについて散々話したのでたしかである。

「おばけの話ではありませんけど、そんな訳のわからないことが一度だけありました」

現地でいただく料理がやっぱり好きなので、近いうちにまたインドに行くつもりです。

最後にC子さんはそう語った。

六十四　墓地販売

三十代の会社員Jさんの話である。

Jさんの自宅マンションの郵便受けによくチラシが入るという。

連日のように宅配ピザや英会話教室、宗教の勧誘や投資用マンションなどのビラが投函される。帰宅する度、両手に抱えきれない量のチラシを持ってエレベーターに乗らなければならず、辟易《へきえき》としているそうである。

「眼を通さずにそのままゴミ箱行きです。まったく資源の無駄使いですよ」

ある日、帰宅して郵便受けを見ると、また収まりきらないほどのチラシが入っている。最後に投函されたと思われるチラシは強引に押し込んだと見えて、くしゃくしゃになっている。これではゴミを入れられているようなものだ。

溜め息を吐きながらダイヤルを合わせると、チラシが雪崩《なだれ》のように落ちてきた。放置するわけにもいかず、仕方なく拾い集めると、そのなかに墓地販売のチラシが入っていた。

「場所柄、高齢者が多いんです。だからこういうチラシが入ってんのかなって、そのときは思っただけでした」

部屋に入るなり、腕に抱えたチラシをゴミ袋に捨てた。これが日課のようになってしまっている。急いで対策を打たなければ、とJさんは思った。

翌日は休みだった。七連勤明けだったので、昼ごろまでベッドで寝ていると、家の固定電話が鳴った。知り合いの殆どは携帯電話に掛けてくるので、誰だろうと思いながら電話に出ると、中年の女性の声で、Jさんのお宅でしょうか、という。

「墓地販売の営業電話でした。昨日チラシで見たなと思ったんですけど、墓地を買うなんて今のところ予定ありませんから、すぐに断りました」

否応なくベッドから引きずりおろされたので、午後はジムに行き、ベンチプレスと水泳を数時間して帰宅した。すると、また郵便受けがいっぱいになっている。いい加減にしてくれよ、と今度は落ちないように手で押さえながら扉を開けると、チラシの束を巧く掴むことができた。両手が塞がっているので、膝で郵便受けの扉を閉めたとき、ひらひらひら、と一枚だけ、チラシが床に落ちてしまった。くそッ、と屈み込んで、それを拾い上げた。

墓地販売のチラシだった。

昨日の紙は捨ててしまっていたので、同じ会社かはわからない。これほどあるチラシのなかで、なぜ眼にするのが墓地販売のものばかりなのか。それに昼間には営業電話も掛かってきている。自宅でつぶさに見てみたが、墓地販売のチラシはその一枚だけだった。

「さすがにちょっと気持ち悪くなって。すぐにチラシお断りの貼り紙をしましたよ」

ジムで躯《からだ》を動かしたせいだろうか、夕飯を食べると瞼が重くなり、そのまま深い眠りに落ちてしまった。どれくらい眠ってしまっただろう、電話が鳴る音で眼が覚めた。

暗闇のなか手を伸ばし、電話に出ると、また中年女性の声。昼間と同じ女性であるかは判然としなかった。

「いい墓地があるから買いませんか、というんです。おいおいまたかよ、と。しかもそんな電話で起こされたわけですから、僕も相当腹が立ってたんでしょうね、『ふざけんな、今、何時だと思ってんだ』と怒鳴って電話を切ったんです。それで意識がようやくはっきりしてきて。そういえば今、何時だろうと時計を見たら――」

深夜の二時半だった。そんな時間に営業電話をしてくる会社があるだろうか。いや、あるはずがない。しかも内容が内容である。

「後から気づいたんですけど、固定電話ではなく、携帯のほうに掛かってきてるんですよ。相手の番号は非通知になっていました。寝ていたので気にせず出ちゃったんですね。携帯の番号なんて知り合いぐらいにしか教えてないんですけど」

ポストの貼り紙が功を奏したのか、チラシは格段に減った。それでも入っているのは、中身の確認をせずにそのままゴミ袋に捨てているそうだ。

墓地販売の営業電話は、それ以降掛かってきていないというが、いまだに深夜の電話が厭で仕方がないという。

六十五 幼児語

会社員のUさんの話である。

彼の息子が二歳を迎えた頃のこと——。

少しずつ言葉を喋り始めたある日、ミニカーで遊びながら突然こんなことをいった。

「ぶうぶう、ぶうぶう、いっぱいありゅ。ゆきなち、ゆーきぃなぁーちぃ。いぬ、いぬ、いぬ！」

何のことだかさっぱりわからない。喃語《なんご》の時期はとうに過ぎているとはいえ、まだしっかりと話せるわけではなかった。

伝わらないのがもどかしいのか、子どもは同じ言葉を繰り返しながら、手にした二台のミニカーを激しく打ちつける。そして床の上で手足をばたつかせながら、大声で泣き始めた。

彼はすっかり困ってしまった。接し慣れている妻ならもしくは、と急いで呼んでみるが、やはり意味がわからないという。ふたりで閉口しながら眺めていたが、しばらくして、妻が、ああもしかして、と顔を上げた。

「ゆきなち、というのは家内の弟の名前なんです。正確には『ゆきなり』ですが。子どもは親の会話を聞いて言葉を覚えていきますから、それで記憶したのかな、と。でも考えてみたら、義弟の名前を口にしたことなんて一度もないんですよ、家内も僕も」

義弟のことをUさんは「弟くん」、妻は「あの子」と呼んでいた。ふたりの会話のなかで名前を口に出したことなどなかったという。

その日の夜だった。

妻の実家から電話があった。義弟が交通事故に遭い、救急搬送されたという。高速道路を走行中、突然スリップし、反対車線を走っていた車に衝突したのである。

三日後に義弟は亡くなった。

「ぶうぶう、は車のことですね。いぬ、というのは、最初動物の犬のことだと思ったんです。でも、ふと感じたのですが、あれは犬ではなく、逝く、ではなかったかと。そうするとなんとなく意味が通るような気がして。妻はしばらくそれどころではなかったので、このことは話してないんですけど」

そうUさんは語った。

六十六　寄付金

団体職員のIさんから聞いた話である。

Iさんの勤める児童養護施設では寄付金を募っているそうだ。

ある地方都市に住む裕福な社長夫人が、数年前から多額の寄付をよせてくれるようになった。毎月ではないが、三ヶ月に一度は数十万単位で振り込みがある。大変にありがたく感じていたIさんは、ある日、お礼状をしたためて夫人宛に送った。

するると、夫人の家族を名乗る者から電話があり、夫人は半年前に亡くなったという。ひと月前にも五十万円が振り込まれたばかりとあって、そんなはずはないと思いますが、とIさんはいった。すると、夫人の口座は凍結されたが、一ヶ月ほど前に会社の金庫から五十万円が失くなり、警察騒ぎになったと家族の者は語ったそうである。

六十七　転入生の家

住宅設備業者のAさんの話である。一九九三年のことだという。

中学に入学して最初の夏休み明け、彼のクラスにG君という転入生が入ってきた。都会のほうからやってきたG君は緊張した面持ちだったが、彼が積極的に話しかけたことで、ふたりはすぐに仲良くなった。

そんなある日、G君が家に泊まりにこないか、とAさんを誘った。違う土地に育ったG君やその家族に興味を持っていた彼は、一も二もなく承諾した。

親の許可を取り、その週末、教えられたG君の家に向かった。自宅はいたって普通の、築二十年ほどと思われる二階建てで、借家とのことだった。

「今日は親がいないから、騒いでも平気さ」

スナック菓子を何袋も開けながら、ふたりは好きな女子のことや先生の悪口などで盛り上がった。その後はゲームをやったり、テレビを観たりした。が、夜が更けるとともに、次第に眠くなってくる。どうにも我慢ができなくなり、絨毯に横になるとAさんはそのまま深いまどろみに落ちてしまった。

どれくらい眠ってしまったのだろう。ふと目覚めると、部屋の照明は消され、躯の上には毛布が掛けられている。カーテンから漏れる光で、部屋のなかはうっすらと明るい。少し頭をもたげると、G君は自分のベッドで寝ているようだった。

――毛布を掛けてくれたのか。なんか悪いことしちゃったな。

そう思いながら寝返りを打った瞬間、ぎょっとした。

一糸纏《まと》わぬ裸の女が、いた。頭の真横、手の届きそうな距離に女がひとり座っている。

背中を向けていて顔は見えない。肩までの蓬髪《ほうはつ》だが、その躯付き、――ふくよかな臀部《でんぶ》のフォルムから女であるのは間違いない。痩せてはおらず、どちらかといえば肉感的である。

俄《にわ》かに総毛立った。と、同時に、躯の内側にかつて味わったことのない、熱いものが迸る。心臓が早鐘を打ち鳴らす。どくどくどくどく、と、まるで他人のそれを聞くように、鼓動が痛いほど耳朶《じだ》に響く。すると――。

女が振り向いた。と、思うや否や、毛布のなかにするりと入ってくる。躯はこちらに向いているのに、顔は靄《もや》が掛かったようにぼやけている。白い乳房だけが薄明かりのなか、はっきりと見えた。触れようとした瞬間、全身の身動きが取れないことを彼は悟った。

その翌朝。

G君の欠伸《あくび》の声でAさんは目覚めた。いつのまにか眠っていたようだった。

あの女のひとは誰だったのだろう。夢を見ていたのだろうか。それにしては、あまりに生々しかった。そうだ、あれは夢などではない。

G君に姉がいるとはこれまで聞いたことがなかった。親の不在は知っていたが、姉がいるとはひと言も聞いていない。だが仮に姉がいたとして、あのように大胆なことをするものだろうか。夜中に弟の部屋に来て、その友達にあんな淫らなことを。――と、そのとき、躯の真ん中辺りに奇妙な違和感を覚えた。なんだろう、と慌てて毛布を捲ってみた。

「お恥ずかしい話ですが、ええ、少年から男になっていたんですね。当時はそういった知識がありませんから、ただもう吃驚して、逃げるように家に帰りましたが」

あの晩のことはG君に告げなかったが、後日、さりげなく姉がいるか尋ねてみた。するとG君は愕いた顔をして、彼の顔をじっと見つめる。

「いたよ、いたけど死んだんだ、というんです。五つ離れたお姉さんがいたそうですが、二年前の十六歳のときに交通事故に遭って亡くなってしまった、とのことでした」

夢でなかったとすれば幽霊なのか。いや、しかし、まさか――。

簡単に受け入れることなどできなかった。それほど実感を伴った、艶かしい媾合《こうごう》だった。生きたひとではないというのか。そう思うと気味が悪くなったが、と同時に、名状しがたい感情が漣《さざなみ》のように彼のなかに残った。後年かなり長い間、この女性のことが忘れられず、まともに異性と交際することができなかったそうだ。

「それが幽霊だとして、こうも考えられませんか。Aさんが見たのは、G君のお姉さんではなく、元々その借家に居ついていた霊という、そんな可能性もあるように思えますが」

そう私がいうと、少し間をおいて、ええそうなんですよ、とAさん。

「それは僕も考えたんです。まあ、それもありえなくはないですね。でも、ある日のことですが、G君と話しているときに、なにげなく彼が口にした言葉に愕いてしまって」

母親も病気で亡くなっているというのである。話によれば、七年前、G君が小学校に入学した年のことだったという。

「それを聞いて妙に納得してしまったんです。あの女のひとは、そういうことに慣れているというか、終始リードする感じでしたから。G君のお姉さんが亡くなったのは、十六歳のときです。それに、躯の感じがいわれてみれば——」

淫猥な笑みを浮かべながら、Aさんはそう語った。

六十八　髪の毛

美容師のK子さんの話である。

美容師というとお洒落《しゃれ》なイメージがあるが、実際は逆だという。厳しい縦社会、薄給、長時間労働など挙げだすときりがない。なかでも彼女にとって辛いのが、洋服が汚れてしまうことだった。お気に入りの洋服を着ていっても、薬液が飛んで、すぐ駄目にしてしまう。

「靴のなかにもカットした毛が入っちゃうんです。正直、気持ちよくはないですよね」

三年前のある日、自宅で靴を脱いだK子さんは吃驚《びっくり》してしまった。靴下に白い髪の毛がたくさん付いている。すぐに靴下を脱ぎ、靴のなかを覗いた。すると、毛根まで付いているような長い白髪がつま先までびっしりと入り込んでいる。

彼女の美容室は若者客中心とあって、そんな髪色のひとはいない。金髪の客なら何人かいるが、最近は来ていないし、それはまぎれもない白髪だった。

そこで、ふと思い出した。数日前、Oさんという見事な銀髪の老婦人が、常連客からの紹介で来店したのである。これはそのときカットした髪だろうか。しかし、それほどには切っていないはずなので、不思議に思った。その日の終わりに必ず靴のなかを綺麗にするようにしていたため、そんな髪の毛が入っているのはありえないことだった。

その翌日、Oさんを紹介してくれたTさんという中年の女性客が来店したので、先日はご紹介いただきありがとうございました、と礼を述べた。すると、そうよそれがね、と眼をまるくしていう。話によれば、Oさんは彼女の美容室から帰宅後、すぐに脳梗塞を起こし、その日のうちに亡くなってしまったというのだった。

「一昨日が告別式でね。可哀そうだったけど、それでもね、亡くなる直前に髪を綺麗にできたことだけでもよかったと思うわよ、本当に」

そうTさんは語ったそうである。

六十九　正体

「毎日のように聞こえたんです。寝ようとして照明を消すと、ぽぉん、ぽぉん、って」

大学生のA君は語る。

初めてのひとり暮らし。連日のように夜更け近くまで繁華街で過ごし、最終電車に乗って帰宅した。そんな彼にとって、アパートは寝に帰るだけの場所だった。

「大抵、疲れていたり酔っていたりするので、すぐに寝ちゃうんですが、トイレに行きたくなって眼が覚めても、その音がしているときがあるんです。でも、深くは気にしていなかったんですよ。隣か上か、なにかしているのかなって。ええ、あの日までは――」

その日も友人たちと遅くまで遊びほうけ、アパートに着くと深夜の十二時半だった。シャワーを浴びて寝てしまおう。そう思いながら、キーケースを取り出し、鍵を開ける。ドアを開いた、その瞬間――。

「えっなんだこれって……。西瓜《すいか》ほどの大きさの、赤いゴムボールが自宅の玄関に転がっていたんです。そんなもの持っていませんし、買った記憶もないんですよ。部屋中確認しましたが、鍵はちゃんと掛かっていたので、誰かが入れたわけでもなさそうですが――」

ゴムボールは空気を抜き、翌朝、可燃ゴミで出した。

その日から異音は一切しなくなったという。

七十　ウサギ小屋

長野県に住む会社員Tさんの話である。

三年前の晩秋の夕方、Tさんの小学一年生になる娘が学校に忘れ物をしてきたといった。すぐ取りに行きなさい、とTさんの妻は叱った。学校は自宅から徒歩五分ほどの距離なので、十五分もあれば戻ってこられるだろうと思ったという。

ところが一時間経っても帰ってこない。妻は不安になって、学校に電話を掛けた。娘が帰ってこないと報せると、教員総出で校内中を探すことになった。捜索開始から二十分が経過したとき、ある教員が校庭の真ん中で立ち竦《すく》むひとりの女子生徒を発見した。名前を呼ぶとTさんの娘に間違いなかった。

三十分を過ぎた時点で警察に通報することになっていたが、寸前で見つかったとあって、それ以上に大ごとにはならなかった。娘を抱き寄せながら妻は強く叱りつけた。

「どうしてすぐに帰ってこないの、ママすごく心配したじゃない！」

すると娘は意外な言葉を口にした。

学校へ行ったら扉が閉まっていて開かなかった。だからウサギ小屋に行って、ずうっとウサギを見ていた、というのである。しかし、娘が見つかったのは校庭の真ん中だった。

ウサギ小屋はあるにはあるが、校庭からはだいぶ離れた理科室棟の前で、しかも数ヶ月も前にウサギは伝染病で一頭残らず死んでしまっていたという。どうして校庭になんかいたの、と訊いても、わかんない、と答えるだけだった。

ちなみに学校の建つ以前、校庭の場所には古い大きな霊園があったそうである。

七十一　奇祭

大学時代の友人N君は岡山県の出身であった。そのN君から聞いた話である。

岡山県の久米郡一帯には、護法祭という変わった祭りがあるという。

近年、テレビで報道されるようになってからは参拝者も増えているが、彼が子どもの時分には、地域の者か民俗学の研究者ぐらいしか知らないような、隠れた祭りだった。

村人から選ばれた者が、護法実《ゴーサマ》と呼ばれる生き神となり、寺の境内のなか、参拝者を縦横無尽に追いかけ廻すという、鬼ごっこさながらの祭りなのだそうだ。が、この祭りの真に恐ろしいのは、護法実に捕まった者は三年以内に死ぬ、という謂《い》われがあることだった。

黒い腹掛けに股ひき、シデと呼ばれる白い紙製の大きな冠（実際には大きな鬘《かずら》のようなもの）を頭に載せて、暗闇のなかを素足で疾走する姿を想像し、私は薄ら寒くなった。

昭和十三年に久米郡から程近い土地で起こった、津山三十人殺しの犯人、都井睦雄の犯行時における奇妙奇天烈な格好を、どことなく連想させたからである。それはさておき――。

N君が中学二年生のとき、彼の祖父が護法実に選ばれたという。祖父は一週間、精進《しょうじん》潔斎《けっさい》を務めるため寺に入った。N君は幼馴染《おさななじみ》のT君と護法祭を見に行く約束を交わした。

そして祭りの夜。

白い冠を頭に載せた祖父の顔を見て、N君は総毛立った。いつもの祖父の顔ではない。ギラギラとした眼差《まなざ》しで、無遠慮に参拝者たちを睨《ね》め付ける。皆が怖がれば怖がるほど、護法実となった祖父は意気揚々と境内を走り廻り（それは異常な速さであったという）、自分の背丈ほどの高さからも平気の平左で飛び降りるのである。普段は畑仕事ひとつしても、その緩慢さで祖母から小言ばかりいわれている姿を知っているN君には、とても信じられない光景だった。と、そのとき——。

護法実と化した祖父が、実孫のN君目掛けて猛然と走ってきた。昏黒《こんこく》のなか、頭だけが白々と浮かび上がる姿はまさに幽鬼さながらである。N君は腰が抜けたようになってしまった。すると、横にいたT君が、咄嗟に自分の脚を護法実に引っ掛けた。凄まじい速さで走っていただけに、転倒の勢いも激しかった。が、すぐに護法実は立ち上がり、N君は捕まってしまった。いつもの温和な祖父とは思えないほど、荒々しく強い力だった。

その夜、N君は居残ってお祓いをしてもらった。そのおかげか、三年経っても死ぬようなことはなかった。

現在、彼は近畿地方で学生服の仕立て工場を手広く経営している。件の祖父は数年前に鬼籍に入られたそうだ。祭りの出来事が関係しているのかわからないが、幼馴染のT君は、あの夜から二年ほど経ったある日、他校の生徒との喧嘩が原因で亡くなってしまったという。

七十二　古いドラマ

会社員のFさんの話である。五年前のある日のこと。

朝から風邪っぽく、熱が出ていたので会社を休んだ。少し寝て起きると、午後四時を廻っている。もうこんな時間かと、なんとはなしにテレビを点けた。

再放送の古いドラマが流れている。昔懐かしい俳優たちの大仰な演技をしばらく眺めていたが、番組名がわからない。キャストを見るかぎり、かなり豪華な面々だが、過去にこんなドラマが放送されていた記憶はない。話もサスペンスなのかコメディなのか恋愛ものなのか、よく理解できない内容だった。

「場面と台詞《せりふ》がちぐはぐというか、とにかく変だったんです」

それだけではない。画面全体になんともいえない、奇妙な違和感を覚えた。これは一体なんだろうと考えたが、あることに思い至った瞬間、背筋がぞくりとした。

「出ている俳優や女優が、考えてみたらみんな亡くなっているんです。主役も端役も、ひとりの例外なくですよ。いくら古いドラマでも、そんなことって普通ありえませんよね」

新聞のテレビ欄を見ると、そのチャンネルのところにはまったく違うアニメのタイトルが記されていたが、慌てていたので見間違いかもしれない、とFさん。

結局なんというドラマか、最後までわからなかったという。

七十三 嗜好

先日、昔親交のあったドイツ人の友人から、SNSを通じてメールが届いた。

よく見つけたものだな、と私は愕き、早速近況を書いて送信した。そのなかで、幽霊譚や奇妙な話を蒐集しているので、そういった話があれば教えてくれないか、と私は付記した。

数日後、メールが返ってきた。それはこんな書き出しで始まっていた。

「君が望んでいるような話ではないかもしれないが、目下、僕が一番懸念していることなんだ——」

友人の知り合いに、Oという家具デザイナーがいるという。

新進気鋭のデザイナーということで、現地ドイツの新聞やデザイン誌などでも度々取り上げられるほどの人物であるそうだ。

二年前のある日のこと。Oが自分の工房で作業をしているときだった。

旋盤機をまわしていたOは、左手の中指と人差し指を誤って切断してしまった。指は第二関節辺りからすっぱりと切れて、床の上に転がった。

その場に居合わせた者は皆慌てた。しかし、なぜかOは痛がりもせず、黙って指を拾い上げると、躊躇《ためら》いもなく自分の口の中に入れた。

「そのまま病院に直行したそうなんだ。その処置が正しかったのかわからないが、指は無事に繋がったんだ。ほんの少し違和感はあるがね。中指と人差し指を付け間違えたんじゃないか、なんて冗談が出るほどさ。でも――」

切断された指を口に入れたとき、その濃厚な血の味に、未知の感覚を得たのだそうだ。

「口の中に溢れる血を吸いながら病院に行ったそうだよ。それでも足りなくなって、真っ赤に染まったタオルケットもしゃぶっていたというんだ。クレイジーだろう?」

それからだった。

謝肉祭のカーニバルに出掛けていった五歳になるOの息子が、人混みに押されて転倒したことがあった。膝を擦りむき泣きながら帰ってきたので、妻は愕いた。すぐに薬を取って、子どもの元に戻ってみると――。

Oが屈んで子供の膝に口を付けている。舌を使って、傷口を舐めていた。

「こんなこともあったそうだ。彼女が台所仕事をしているとき、ペティナイフで指を切ったことがあった。気づくと後ろにOが立っていて、有無をいわさず彼女の手を取り、口に入れたというんだよ」

妻は激怒したという。それがきっかけとなって、ふたりは離婚し、子どもは奥さんのほうに引き取られていった。

その後、Oにふたまわりも若い恋人ができ、再婚するかと思われた矢先――。

Oの恋人から、友人の元に電話があった。

「もうあのひととは一緒にいられない。メンスの血を舐めさせてくれっていったのよ」

さすがにただごとではないと、友人は思った。今のところ、Oが犯罪に手を染めた形跡はない。しかし、それも時間の問題ではないかと思えた。

Ｏとふたりきりで会う約束をし、友人は工房に向かった。

「久しぶりに顔を合わせた途端、気分が悪くなったよ。唇がやけにぬらぬらしていて、赤みを帯びていてね。それでいて顔の色が蒼白なんだ。気のせいか、体臭に鉄のような匂いを感じたよ」

臆することなく、直裁に友人は告げた。

君の血への嗜好は、はっきりいって異常なものだ。いずれ取り返しのつかないことになるかもしれない、とても心配している、と。

しばらくＯは黙っていたが、友人の顔をまっすぐに見つめながら答えた。

「俺だって罪は犯したくないさ。が、最近自信が持てなくなってきたよ。誰かを殺《あや》めて、思いのたけ血を吸えれば、とね。でも、この世の中でそんなことが許されるわけがない。なあ、そうだろう。妄想しているだけで、自分の腕に傷をつけて我慢しているんだよ」

そういって、シャツの袖を捲くってみせた。ナイフを当てたような細かい線傷が腕の至るところにあった。

——やはり、普通じゃない。

頭痛と眩暈《めまい》を覚え、ふらつきながら友人は工房を後にした。建物から出るとき、背後からOは友人に向かってこういったそうである。

「これは現実なんだ。おれはお前が思っているようなバケモノではない、断じてな！」

その後なにか起きたらすぐに教えてくれないか、と友人に返信した。今は新しい報告を待っている状況である。

七十四 ヤマドリ

N子さんという七十代の女性から聞いた話である。

戦時下の、昭和十九年。同居している曾祖母が自宅で眠るように亡くなった。

九十二歳。大往生である。その翌日のこと――。

近所の口の悪い爺さんが家にやってきて、唐突にこんなことをいった。

「昨日のことだけどよ、お前んとこの屋根に、こんなでっけえ尾長のヤマドリがとまっておってな。それが夕陽のせいかしらんが、きらきらと金色に輝いておった。なんじゃこれは、と思ったら、羽を広げて飛び立ちよる。ふわあ、と見上げたら、なんと、わしの顔目掛けて糞を垂れやがってのう。なんだったんじゃ、あれは」

そういわれても、なんと返していいのかわからない。ただ、曾祖母は生前この男のことをひどく嫌っていた。亡くなったことは、まだ近所の誰にも知らせていなかったという。

七十五　壁

主婦のF子さんの話である。

今から五年ほど前、知人だった専業主婦のN美さんが自ら命を絶った。

知人といっても親しいわけではなく、地域の集まりで何度か顔を合わせたことがある程度だった。駅前のドラッグストアでパート勤めをしているF子さんのことを以前から知っていたようだが、どこか見下しているところが感じられ、あまりいい印象を覚えなかった。

そのN美さんが自宅で首を吊ったことをいきつけの喫茶店の店主から聞かされたとき、

彼女は愕くのと同時に意外に思った。とても自殺するタイプの人間に思えなかったからだ。

遺書の類いはなかったというが、ある事情通いわく、一年ほど前から夫婦仲が冷えきっており、夫が家を出て行く形で別居していたとのことだった。

それを気に病んで自殺したのではないかと、井戸端会議ではそう結論付けられた。

「それから一ヶ月ほど経った頃のことです」

N美さん宅の隣家の主婦が浴槽のなかで亡くなった。溺死だった。詳しいことはわからないが、警察は不慮の事故死と処理したそうである。

近所の主婦たちは皆気味悪がった。わずかひと月ほどの間に、並びあった二軒の家で死人が出ているのだ。それも高齢者ならともかく、亡くなったふたりはまだ四十代だった。

どういったわけか二軒の家の間隔は異様に狭い。その距離はわずか六十センチほどしかなかった。どちらが先に建てたのか不明だが、それぞれ土地の端に家をもってきた結果、そのようなことになってしまったようだった。これだけ近いと苦情が出そうなものだが、ふたりをよく知る者がいうには、仲が悪いどころか、頻繁にお互いの家を行き交いし、非常にうまくいっていたようだという。

それから半年ほど経ったある日、その隣家が取り壊されることになった。

早朝から重機が轟音《ごうおん》を響かせて家を解体していく。近所の者たちは遠巻きにそれを見守っていた。次第にN美さんの家のカーキ色の壁が露わになってくる。と、そのとき――。

「あれなによ、ほら、見てよ、見て！」

近くにいた主婦が小さく叫びながらN美さんの家を指さしている。見ると、二階建ての外壁一面に巨大な染みが黒く浮き出ていた。

「人間の瞳みたいだったんです、染みが。両眼ではなくて片方だけですけど。それがすごくリアルで、虹彩《こうさい》とか瞳孔《どうこう》もちゃんとあるんですよ。とても鮮明で偶然できたって感じではないんです。雨垂れなんかでは、絶対あんなふうにならないと思うんですけど」

なんともいえず、虚ろな眼差しだったという。

これは後日判明したことだそうだが、隣家の主婦は長年に亘って無認可の貸金業――高利貸しを営んでおり、N美さんも二千万円ほど借り入れをしていたことがわかった。そのことでふたりの間にトラブルがあったのでは、と周囲の主婦たちは噂しているそうである。

七十六 臨死体験

高校教師のNさんは九年前、くも膜下《まっか》出血を発症して死の淵を彷徨《さまよ》ったそうだ。

その際に臨死体験をしたという。

暗く長いトンネルを抜けると、一面の花畑が広がっている。そのなかを構わず進んでいくと、突如川が現れ、これが三途の川か、と妙な感動を覚えた。なぜか暑くて堪《たま》らず、涼しげに流れる川のなかに入っていく。すると、向こう岸から四人ほど手を振っている者がいる。よく見ると、この十年ほどの間に亡くなった友人や知人たちだった。早くこっちに来いよこっちはいいぞ、とそればかり繰り返すが、顔は少しも笑っていない。これを渡ったら死んでしまうなと思い、ふと後ろを振り向いた。すると今度は、かなり以前に亡くなった祖父母や親戚たちが憤怒の表情で、駄目だこちらに来るな、といっている。

どちらに進むべきかわからず、途方に暮れてしまった。二者択一であれば、家族のほうだろうと思ったが、来いというならともかく、来るなと強くいわれているので、行くわけにもいかない。仕方なく友人たちのほうに向かう。この先もいいことはなさそうだし、もう死んでもいいかなと思った。

岸に着くと、友人や知人たちが出迎えてくれたが、やはり誰も笑っていない。仲間が増えたというのに、ちっとも嬉しくなさそうだった。と、そのとき、Nさんはあることを想起し、ゾッとした。そこにいる四人が四人とも、自殺で死んだことを思い出したからである。

そこで世界が暗転し、突如として現世に引き戻されたという。

「究極の二択でしたよ。死を択《えら》んだはずなのに、こうして生きているのは不思議ですけど。友人たちのほうで正解だったということでしょうか」

臨死体験をして以降、活気が漲《みなぎ》って毎日がすごく充実しているんです、とNさんは語る。

七十七　犬嫌い

知人のY子さんから聞いた話である。

四十年ほど前、Y子さんの叔母は街の小さな履物《はきもの》屋で働くことになった。店主の妻が妊娠し、人手が足りなくなったとのことで、知り合い伝いに頼まれたのである。

店主は真面目で普段は気の良い男だったが、犬嫌いで有名だった。当時は野良犬が多く、店先の商品を咥《くわ》えて持ち去ってしまうことがあり、それが原因と思われた。しかし、それにしても犬に対する敵対心が強すぎる。叔母にいわせると、異常なほどであったという。

店の前を通りがかっただけの野良犬にヤカンの煮えたぎった熱湯を掛ける。またあるときは、店先で物色していた犬に木刀を振り下ろした。鈍い音がし、きゃん、とか弱くひと声啼いたかと思うと、よろよろと少しだけ歩き、力尽きた。見に行ってみると、犬はだらりと舌を出して死んでいた。

叔母の知るかぎりでも何度かそんなことがあったので、近所の犬を飼っている者は店の前を散歩するのを避けているようだった。

そんなある日、店主の妻が子どもを産んだ。が、その子の顔が普通ではなかった。毛こそないが、犬そのものだったからである。妻は怯え、子どもと一緒に閉じこもりがちになった。その頃を境に売り上げも悪くなり、雇えなくなったといわれ、叔母は仕事を辞めた。

後年、犬のような顔をした男が映画館で掃除をしている、という話を風の噂で聞いたが、その映画館も時代の趨勢《すうせい》で無くなってしまったという。

七十八　見分け方講座

薬剤師のT美さんはいわゆる「見えるひと」だという。

彼女にいわせると、幽霊――この世の者でないひとたちは、生きた人間と殆ど変わることなく、街なかを歩いているのだそうだ。

「案外、見えているひとは多いんじゃないですか。そうと気づかないだけで」

もっとも、これはよく聞く話である。では、どうやって見分けるのですか、と尋ねると、彼女の特徴である笑窪《えくぼ》を作りながら、

「わかりやすいのは雨の日ですかね。あのひとたちにとって、天候は関係ないんです。傘も差さずに平然と歩いていますから。でも、一切濡れてないんですよ」

また晴れた日や曇りの日の見分け方もあるらしい。ああ、それと――とT美さん。

「すぐ近くで気が触れたような嗤い声を聞くことってありませんか。それで振り返ると、たしかに誰かいるんですけど、その口がまったく開いてないんです」

ということである。

七十九　砂時計

専門学校生のDさんは自殺した友人の形見にピンクの砂時計をもらった。百円ショップで売っていそうな代物だったが、遺言にそう書かれているのだから断るわけにはいかない。自宅に持ち帰り、鞄から取り出すと砂がひと粒も入っていなかった。鞄のなかにこぼれ出た形跡もない。

三日後、玄関で靴を履いていると様子がおかしい。なかを覗くとピンクの砂が一握りほど入っていた。前日買ったばかりの、おろしたてのコンバースだったという。

八十　既視感《デジャヴ》

団体職員のFさんの話である。

十年ほど前、中型バイクの免許を取得したFさんはひとりでツーリングに出掛けた。山道を走行中、ふと近くに廃墟があることを思い出した。以前友人から聞いた話では、山の頂上付近にビルが建っており、そこが廃墟と化しているのだという。おそらくは企業の持ちものと思われるが、どんな会社が入っていたのか誰も知らないということだった。

畝々と曲がりくねった山道を進んでいくと、ほどなくそれらしい建物が視界に入った。見ると四階建ての建物で、なぜこんな場所に、と違和感を覚えた。

入り口の前の駐車スペースにバイクを停め、ヘルメットを取りながらガラス張りのドアを押してみた。施錠はされていない。なかに入ると、それなりに経年を感じさせるものの、思っていたほど荒らされてはいなかった。やはり会社が入っていたのだろう、事務机が四台、不規則に置かれていた。壁の数箇所に卑猥《ひわい》な落書きが描かれていたが、ガラスが割られるといった大きな被害は受けていないようだった。この程度なら少し修繕すればすぐに借り手がつきそうなように思えたが、どうしてこのままにしておくのか、Fさんには理解できなかった。もっとも山のなかの辺鄙《へんぴ》な場所なので、当然といえば当然かもしれない。

エレベーターはないようだった。その代わり、部屋の中央を貫くように最上階まで螺旋状の階段が設けてあった。下から見上げると、巨大なドリルが天井から突き刺さっているように見える。一段一段、Fさんは上っていった。

二階も一階と同じように事務机が数台あったが、壁に沿って整然と置かれていた。落書きや吹き込んだ塵《ちり》やごみもなく、まるで昨日までここで誰かが仕事をしていたように見える。一瞬まさかと考えたが、奥にある手洗い場の蛇口を廻してみると、やはり水は出なかった。廃墟特有の饐《す》えたにおいがしているのだし、長らくここが使用されていないのは明らかだった。そして三階に上がろうと手すりに手を掛け、階段を見上げた瞬間――。

突然、眩暈をおぼえ、ひどい頭痛に襲われた。両脚に力が入らず、その場に膝から崩れ落ちる。頭を強《したた》か床に打ちつけたが、撫で擦《さす》ることができない。躯がまったく動かないのだ。ひどく酩酊《めいてい》したときのように、頭が下に引っ張られる感覚をおぼえた。ぐるぐるぐるぐると眼が回る。そのまま彼は意識を失った。

ふと眼覚めると、周囲はすっかり暗くなっていた。慌てて起き上がり、腕時計を見ると三時間ほど経っているようだった。足元に気をつけながら階段を下り、ビルを出ると急いでバイクに跨った。その後は無事に家まで辿り着いたが、なぜあのとき眩暈をおぼえて気まで失ったのか、どれほど思い出してもよくわからず、不思議でならなかった。

それから一年ほど経ったある日のこと。

Fさんは友人とCDショップで待ち合わせをしていた。時間になっても来ないので店内を見て周っていると、あるコーナーの前でふと足が止まった。ビートルズが特集された一角。ジャケットがずらりと並んでいたが、その一枚に釘付けになった。

『プリーズ・プリーズ・ミー』のアルバムだった。メンバーの四人が吹き抜けの階段から下を見下ろしている有名なジャケットである。

一年前、あの廃墟の階段で見たのはまさにこれだった、とFさんは卒然《そつぜん》と思い出した。

人数はもっとたくさんいた気がするという。

八十一　最期の場所

六十代の女性M子さんの話である。

資産家のM子さんの元には以前から多くの投資話が舞い込むそうだ。

大半は事業への出資やファンド、マルチ商法といった怪しげなものばかりだったが、五年前のひと頃、Sという五十代の男が盛んにその手の話を持ち込んできた。

本人は実業家を名乗っていたが、実際にはなにをしているのかM子さんは知らなかったという。物腰は柔らかく、歳のわりには身綺麗で話も巧い。すっかり信用したM子さんはSに多額の金を預けた。しばらく連絡が途絶え、こちらから状況を質《ただ》すと、のらりくらりとよくわからない説明をしてくる。

結局Sの話がすべて詐欺であるのがわかったのは、最後に送金した半年後だった。もちろん電話を掛けても出ることはなく、警察や弁護士に相談しても解決には至らなかった。

「すべて取られたわけではないけど、これからのことを考えるとやっぱり不安よねぇ」

そんなある日、共通の知人からSが自殺をしたと聞かされた。俄《にわ》かには信じられなかった。ひとから金を騙し取っておいて、自死など択ぶだろうか。

Sの死に場所を知ると、M子さんは言葉を失った。

彼女の代々の先祖が眠る霊園脇の藪《やぶ》のなかで縊《くび》れていたからである。

八十二　ジェントル・レストラン

イギリス・ロンドンのナイツブリッジといえば、王室御用達の高級百貨店ハロッズや一流ブランドのブティック、五つ星ホテルなどが建ち並び、地元のみならず世界各国から上流階級や富裕層が集まる地区として知られている。地価は世界有数であるという。

その近くに、まったく無名な、鄙《ひな》びたベジタリアン専門レストランがある。そこで変わったことが起きるそうだ。

といって、特別なにかが見えたりするわけではない。ただ――。

レストランの前に立つと、ドアがひとりでに開く。ヴィクトリア朝時代の、築百五十年は経つ建物で、自動ドアは設置されていない。しかも、その現象が起きるのは女性に限られている。男性が前に立っても、押さない限り開くことはない。

女性が入るのを後ろで見ていた男性が同じようにしたところ、強《したた》かドアに顔を打ちつけてしまったこともあったそうだ。

「古い建物とのことですから、かなり昔からの現象ですか？」

そう尋ねると、そんなことはなく二年ほど前から急に始まったのだ、という。

昨年の末、店の噂を聞いて興味を持った、ある有名なハリウッド女優が、このレストランを訪れた。

「映画にでもして、ひと稼ぎ企んでいたのでは、といわれています。あるいは、金持ちなのに薄汚いレストランに入る、そんな庶民的なところをパパラッチされたかったのかもしれませんが」

ところが——。女優が店の前に立っても、ドアは微動だにしない。厳《いか》つい体格の付き人がふたりがかりで押しても、容易に開かなかったという。

八十三　肝が冷える

ゲームプログラマーのH君が高校三年生のときのことである。

夕方、自転車に乗っていると、背後から一台のパトカーが近づいてきた。

「おい、そこの自転車の君。ふたり乗りはダメだよ。すぐに降りなさい」

拡声器を使ってそういっている。H君は自分のことだとは思わず、そのまま自転車を漕いでいると、

「おい、止まりなさいッ、そこの自転車!」

突然、強い口調に変わった。パトカーのほうを見ると、助手席に乗った警官が窓ガラスを開けて険しい顔でH君を指差している。

――えっ、俺かよ。

ふたり乗りなどしていない。後ろに座席はないのだから、そんなことはできるはずがなかった。変速機ガード、通称ハブステップと呼ばれる、ふたり乗りに用いられる金具も取り付けてはいない。第一、ひとりで自転車に乗っているのだ。ふたり乗りとは何の話だ。

仕方なく自転車を停め、一旦降りた。その少し前方にパトカーも停まる。鼓動が早くなっていた。てのひらにじんわりと汗が滲む。

警官は窓から顔を出し、後方のH君を見ると、納得したように二度ほど無言で頷いた。するとパトカーは再び進行方向に走り出していった。

「ひとりなのにふたり乗りで注意を受けたわけですか。つまり、自転車を停めたとき、後ろにいたなにかも一緒に降りたということですかね。それでお咎《とが》めは受けなかったと」

そう私がいうと、

「ええ、でも、正直そのときは違うことに頭がいってたんです。自転車を降りたとき、あることを思い出したら急に緊張し始めちゃって——。その自転車は友達がどこかでパクッてきたやつだったんですよ。自転車泥棒なんかで捕まったら格好悪いですし、退学ものですから。まったく、あのときばかりは肝《きも》が冷えましたよ」

八十四　怒り

五十代の主婦I子さんの話である。

三年前の夏、夫と鎌倉旅行に出掛けたときのこと。

深夜、ホテルの部屋で寝ていると、寝苦しくてふと目覚めた。すると、天井に赤い顔をした鎧《よろい》武者《むしゃ》が張り付いている。凄まじいほど怒りに満ちた表情で、怖くなり隣の夫に向かって声を上げようとした。その瞬間、舞台のワイヤー仕掛けよろしく眼の前まで下りてきて、今一度ぎろりと睨み、やおら刀を振り上げた。

朝陽が昇るまで斬られ続けたという。

八十五　三つ子

和菓子職人のDさんは二卵性の三つ子だそうだが、その三人ともが霊感体質であるという。だが、それぞれ見えるものが異なるようで、長男であるDさんが白髪の老婆を見たと思うと、次男はひっつめ髪の若い女だといい、末っ子は中年の男だと言い張る。そのため喧嘩になることも度々だそうだ。

しかし、霊のいる場所や伝わってくる無念の思いなどは、ほぼ一致するそうである。

八十六　露天風呂

「あれは絶対に幽霊でした。間違いありません」

女子大生のS美さんは、そう断言する。

二年前の冬、S美さんは高校の卒業旅行で友人たちと東北地方のとある温泉宿を訪れた。豪勢な夕食を食べた後、お風呂に入ろうということになった。女同士とはいえ、一緒に入浴することに抵抗があったS美さんは、皆が出た後にひとりで入ることにした。

先に入ってきた友人たちは、露天風呂が最高だったね、と口々にいっている。

「その日は終日、雪が降っていたので、すごく寒かったんです。でも、その感じが堪《たま》らなくよかったって」

楽しみに思いながら、ひとり入浴場に向かう。脱衣場で浴衣を脱ぐと、内湯のドアを開けた。初老の先客がふたりほどいて湯に浸かっている。シャワーで躯を洗い、露天風呂へと続く引き戸を開けた。風雪が剥《む》きだしの肌に容赦なく吹き付けてくる。

露天風呂の湯気が恋しい。早くあのなかに入りたい。

湯に身を浸すと、天にも昇る気分だった。ああ極楽、と普段いわないような台詞が口を衝《つ》いて出てくる。見渡すと誰もいないようだった。きっと寒いからね、とS美さんは思った。

庭石に積もった雪がなんともいえない風情を醸《かも》しだしている。湯をすくって頬に当ててみた。首まで浸かりながら少し場所を移動してみると、どうやら風呂はL字型になっているようだった。すると、端のところに客がひとりいるではないか。自分の後に入ってきたひとはいなかったのだから先客なのに違いない。

間接照明だけとあって薄暗いが、なぜかその客の周りだけ切り取られたように仄明《ほのあか》るい。背中を向けていて顔は見えないが、すらりとしたうなじから若い女性と思われた。少し変わった髪の巻き方をしている。と、そう思ったとき。

つううと、その姿勢のままS美さんのすぐ近く、二メートルほどのところに移動してきた。

「えッ、て愕いたんですけど、もっと吃驚したのは――」

ゆっくりと女が振り向いた。細面で頬骨がやけに目立つ顔。美人ではないが、異様に肌が白い。なにか問いたげな表情をしたかと思うと、笑むように口端を上げた。薄い唇が開く。

「真っ黒だったんです、口のなかが。たぶん、あれはお歯黒だったと思うんです。でも、今どきそんなのしているひといませんよね」

だからあれは幽霊です、とS美さん。

すぐに風呂を飛び出し、シャワーも浴びず脱衣場へ駆け込んだそうである。

お歯黒だからといって、幽霊と決めつけるのは些《いささ》か乱暴ではないか。実際、現代においい

ても演劇の世界や花柳界などではお歯黒をした女性を見ることができる。それを告げると、

「いいえ、花街でもなんでもない鄙びた温泉地でしたから。それに――」

火の点いたろうそくが一本、頭の上に立っていたんです。かなり強い風が吹いていたのに、まったく炎が揺れてなかったんですよ。

その灯りに照らされながら、声もなく女は嗤《わら》っていたという。

八十七　勘違い

行政書士のHさんが、中学一年生のときのことだという。

入学して間もないある日の放課後、バレーボール部に入部した彼は、体育館で準備運動をしていた。隣のコートでは、バスケットボール部が練習試合をしている。

腹筋運動をしながらふと見ると、ちょうど三年のT先輩がシュートを放ち、ボールがゴールに吸い込まれるところだった。

T先輩は以前入団していたリトルリーグの先輩でもあり、以前から知っていた。Hさんは万年補欠、T先輩はチームのエースピッチャーだったので、彼にとっては憧れの存在だった。言葉を交わしたこともなかったそうだ。

そのとき、T先輩がHさんのほうをちらりと見た。腹筋を止めて、彼は立ち上がって会釈をした。すると、T先輩は身じろぎもせず、遠くからじっとHさんのことを見つめている。

「名前は覚えてないかもしれないけど、僕の顔ぐらいは知ってもらっていたのかな、と。でも、全然違ったんですよ――」

手にしたボールもそのままに、試合もそっちのけで、ふらふらした足取りでHさんのほうに向かってくる。えっ、なんだろうと思った瞬間、T先輩は彼に向けて指を差した。その指先は小刻みに震えている。

「おまえ死んだんじゃなかったっけ、と……。いきなりそんなことをいわれたので、ゾッとしましたよ。でも次の瞬間、ああ先輩勘違いしているな、と思ったんです」

一年前、リトルリーグ最後の年に、Y君というチームメイトが交通事故で亡くなった。練習後、送迎バスを降りて道路を渡ろうとしたところ、対向車に撥《は》ねられたのである。

Hさんは Y君と仲が良かったが、間違えられるほど似てはいない。が、T先輩からすれば、二歳下の後輩など気に掛けていなかっただろうから、混同してしまったのかもしれない。

「そんなふうにも考えたのですが、そのとき履いていたのが——」

生前、Y君が履いていたのを、無理をいって譲ってもらったシューズだった。

当時、形見のつもりで大事に履いていたのだそうだ。

今はもう使用することはないが、綺麗にして現在も大切に保管しているという。

なお、この出来事とは関係ないと思われるが、T先輩が高校一年生のとき、肩を壊し、甲子園もプロ野球選手になる夢も諦めることになった。その結果、生活が荒《すさ》びスポーツ推薦で入学した高校も中退した。そして十九歳のとき、街で喧嘩を起こし、ナイフで相手を刺殺してしまったそうだ。

被害者は、事故で亡くなったY君の従兄弟だったという。

八十八　市松人形

会社員Aさんの話である。

ある日の深夜、Aさんは可燃ごみを集積所に持っていった。マンション内の集積所なので、何時に出しても問題はなかった。規則では夜間のごみ出しは禁止されているが、守っている者などいない。可燃ごみの回収は朝早いため、深夜のうちに出すようにしていたという。

集積所のドアを開け、ごみ袋を置こうとしたとき、Aさんはぎょっとした。

市松人形が一体、床の上に転がっていた。袋にも入れず、そのままの状態で置き捨てられている。

そそくさとごみ袋を置くと、ドアを閉めた。が、部屋に戻る途中も背後から人形にじっと見つめられているように感じる。なぜかわからないが、ひどく後ろめたい気分になった。まるで自分が市松人形を捨てたような錯覚に陥ったのだそうだ。

その三日後の、深夜。

Aさんは再び集積所に可燃ごみを出しに行った。ドアを開ける。すると――。

思わず声が漏れた。バラバラになった市松人形がコンクリートの床の上に散乱していた。手も足も首も、胴体からもがれたようになっている。

「気のせいやと思いますが、そいつがね、どうみても血まみれに見えたんですわ。ええ、人形がですよ。たぶん、ごみ袋から漏れ出た汚水か影のせいやったんでしょうけど。しかし、誰がやったんか、人形をあんなふうにバラバラにする意味がわかりませんわ」

それ以降は規則通り、早朝にごみを出すことにしたそうである。

八十九　ノイズ

北関東の消防署に勤務するTさんの話である。

東日本大震災が起きた年の、八月のお盆のこと。

Tさんは仕事仲間四人と視察で気仙沼《けせんぬま》を訪れたという。復旧作業の応援を必要とする場所の確認のためだった。朝から昼過ぎまで気仙沼消防署で打ち合わせをし、その日は一旦帰路につくことになっていた。

Tさんたちは車に乗り込むと、署を後にした。門を出てしばらく行くと、急勾配の坂道になっている。と、そのとき――。

歩道を足早に歩くひとりの女性が視界に入った。が、どうにも様子がおかしい。今にも倒れんばかりで、ふらつくように歩いている。

その日は朝から猛暑とあって、熱中症を疑った。車が追い越した瞬間、ちらりと女性の顔を見ると、なにかうわ言を呟いている。そう思った瞬間、突然、女性が転倒した。顔を地面へ激しく打ちつけたようだった。すぐに車を停めさせて、女性の元へと向かう。

「大丈夫ですかッ」

六十年配の初老の女性である。抱き起こすと、顔全体に擦過傷があり、見るまに鼻から血が溢れてくる。鼻骨骨折だろうと判断し、首に掛けていたタオルを鼻に当てがうと、部下に救急要請をさせた。理由は不明だが、女性は錯乱《さくらん》状態にあるようだった。Tさんがゆっくり話しかけているうちに、次第に落ち着いてきた。

家族に連絡するため、電話番号を訊き出そうとした。すると、主人は帰ってこないが家にいる、と答える。意味がわからないが、とりあえず女性のいう番号に電話を掛けてみた。

電波は繋がるものの、ゴォーッ、とノイズ音がするだけである。一旦切り、掛け直してみたが、やはり同じだった。TさんはS社のスマートフォンを使用していた。電波のせいかと思い、同僚のD社の携帯電話でも掛けさせてみたが、同様に雑音が聞こえるだけだった。

そうこうしている間に気仙沼の救急隊が到着し、引き継ぎをした。

後日、女性は津波被害に遭い、自宅を流されていたことがわかった。

「D社の携帯で電話を掛けた者がいうには、ゴォーッという音のほかに、ミシミシッとか、バリバリッという、凄まじい破壊音のようなノイズが聞こえたそうです」

ふたりの携帯電話を確認したところ、S社のスマートフォンとD社の携帯電話のいずれにも電話を掛けた履歴は残っているものの、通話時間は記録されていなかった。

「どこかには繋がっていたとは思うんですけどね。女性が、その後どうなったのかまではわかりません」

そうTさんはいった。

九十　すり抜ける

病院事務員のDさんの話である。

彼が大学生の頃というから、今から十二年前のこと。当時Dさんが住んでいたのは、横浜市内の築十年ほどのアパートで、そこはよく出る部屋だったそうである。

夜半に勉強をしていると、背後にふと気配を感じる。慌てて振り返るが、もちろん誰もいない。また入浴中、ユニットバスの扉の向こうを黒い影が横切った気がし、すぐに開けてみるが、部屋は特に変わったところはなかった。そんなことが頻繁に起きた。

しかし半年も住むと、そういった怪現象にも慣れてしまい、逐一《ちくいち》愕かなくなった。

そんなある日の深夜。

机でレポートを書いていると、後ろに誰かがいる気配を感じた。どうせなにもないのだろうと振り向いてみると――いた。

ソバージュヘアの、ひどく痩せこけた女。腐りかけたバナナのような顔色で、壁にじっと凭《もた》れている。どんよりとした眼差しはどこを見つめているのかわからないが、視線は合っていないようだった。鉄錆《てつさび》のような、妙な臭いを感じた。

恐怖のあまり彼は声を失った。ボールペンが床の上に軽がり落ちる。かつん、という音と同時に、女は壁から離れると、Dさんのいる机のすぐ脇へ、つうっと、滑るように移動し、隣の部屋のほうへと消えた。

今のはどう考えても幽霊ではないのか。と、そのとき、壁の向こう側から凄まじい女の絶叫が聞こえてきた。

「壁のなかへ入っていく感じで消えましたけど、まさか本当に隣の部屋に出るとは」

隣人は地方から上京したばかりの女子短大生だったが、その週のうちに引っ越していったそうだ。入居してまだ二ヶ月だったという。

九十一　遺書

ピアノ調律師のAさんから聞いた話。

ウィーンの音楽大学に留学していた頃なので、今から二十年ほど前のことだそうである。

Aさんの知人のゲオルクさんという男子学生が亡くなった。自宅アパートの浴室で首を吊って自殺したのだという。知人といってもそれほど親しくはなかったので、自殺する理由がAさんには思いあたらなかった。仲の良かった者いわく、指揮科だったゲオルクさんは期末試験で大きなミスをしてしまい、進級が危ぶまれていたとのことだった。

しかし、それが死ぬほどの理由になるとは、Aさんにはどうしても思えなかった。

遺書が二通、部屋に残されていた。エマさんという以前ゲオルクさんが交際していた女子学生に宛てたものと、ベルンハルト氏というアメリカのニュージャージー州に住む叔父宛のものだった。両親や兄弟に宛てたものは、なぜか一通もなかった。

卒業後、仲間内で集まったときのこと。

ある事情通の話によると、ゲオルクさんの死から僅か一年あまりのうちに、遺書を受け取ったふたりともが亡くなってしまったというのだった。

エマさんはフランス旅行中にバスが横転して事故死、ベルンハルト氏はニューヨークで地下鉄に飛び込んで自殺したのだという。

二通の遺書を眼にした者いわく、どこの言語か見たことのない文字が数行あっただけで、受け取ったふたりは当時、非常に困惑していたそうである。

九十二　気づき

愛知県に住む主婦F美さんの話。

抱っこした赤子が、必死に何かを指差している。

買ってきたお菓子もう見つけられちゃったのかな。ミルクさっきあげたばかりなのに。

赤子の指差すほうに振り向いてみる。そこには食卓がある。が、その上にお菓子などは置かれていない。食卓の先にはテレビがあり、点けっぱなしになっている。考えてみたら、誰が点けたのだろう。テレビはあまり好きではない。自分で点けることなど滅多にないのに。それに、夫はまだ会社から帰ってきていない。

テレビは心霊特番を放送している。画面には古めかしい、セピア色の写真。

廃墟のような、古びた大きな建物が映っている。学校、あるいは病院だろうか。その建物の高いところの窓に、いびつな人型が白い線で描かれている。

「あうッ、あッ、あッ、あーッ、あうッ、あッー、あーッ！」

画面に向かい、赤子は必死に指を差している。その眼を見た瞬間、F美さんは凍りついた。

白眼だった。左の黒眼はだらりとさがり、右の黒眼は完全にあがってしまっている。

病院に連れていったが、三時間ほどそのままだったという。

九十三　サイレン

歯科技工士のBさんの話である。

三年ほど前のある深夜のことだという。

Bさんが自宅で眠っていると、救急車のサイレンの音が聞こえた。近くの国道を走っているのだろうと、再び眼を閉じたが、異様に近くで鳴っているようだった。近所で急病人が出たのだろうか。幹線道路ならともかく、自宅前の路地は民家が立ち並んでいるのだ。

それもこんな夜更けなのだから、音を消す配慮はできないものかと腹立たしく思い、寝返りを打とうとした、そのとき——。

枕元に女が立っていた。一瞬、ひと月前に別れた恋人かと思ったが、どう見ても知らない女である。昔のドラマでしか見たことのない、躯の線がやけに強調された服を着ている。くいいっと、女が顔を近づけた。髪で隠れ、目鼻立ちはよくわからない。が、口元だけははっきりと見えた。半開きの唇の端から、だらりと舌が飛び出ている。

「ぴいぽうぴいぽうぴいぽうぴいぽう……そういってたんです」

考えてみれば、当時、救急車のサイレンを寝ているときによく聞いたそうである。

九十四　先客

中学校教師のAさんの話である。

八年ほど前のある日、自宅の風呂が壊れたので、近所の温泉施設に行ったという。開店して四年ほどの新しい建物で、ホテルやレストランも併設された大型施設だった。なかに入ると、岩盤浴場や泡風呂、ハーブ風呂、滝風呂、露天風呂などがあり、風呂好きのAさんは、もっと以前から来ておけばよかったな、と思った。

端の風呂から順々に入っていく。ひと通り入浴を愉しんだ後、さて次はどうしようかと思案していると、入り口の近くに小型のサウナが設置されているのに気づいた。ちょうど誰か入ったようで、扉が閉まるところだった。ひとりかふたりしか座れないサイズなので、先客が出たら入ろうとAさんは考えた。

しかし、十五分待っても客は出てこない。二十分待っても出てこなかった。三十分を経過した時点で、これはただごとではない、と感じた。

なかで倒れているのではないか。九十度から百度に近いサウナのなかで、人間は三十分も我慢していられるものか。十分から十五分ほどで出るのが普通だ。長いひとでも二十分も入っていればふらふらになってしまう。

そうこうしているうちに四十分が経過し、Aさんもさすがに茹《ゆだ》ってしまった。

仕方なく諦めて、明日にでもまた来てみようと思った。サウナの前を通りかかると、ガラス窓から禿げた男の姿が見えた。こちらに向かって項垂《うなだ》れたように座っている。

――倒れてはいないようだな。しかし、いくらなんでも長すぎるだろ。

そう思った瞬間、男が顔を上げた。えらの張った初老の男で、我慢しているようには見えない。それどころか、汗ばんだ様子もない。それに、なにか妙な違和感を覚えた。室内は橙《オレンジ》色で照らされているのに、男の顔も、胸や脚もなぜか蒼白い。そういう照明なのかと、そのときは思ったが、なにか腑に落ちない気持ちで、その日は帰宅した。

翌日。

昨日と同じ時刻に温泉施設に向かった。今日こそはサウナに入ろうと、浴場に出ると、――ない。昨日サウナがあった場所は風呂桶置き場になっている。

壊れたかなにかして、撤去されてしまったのか。それにしても昨日の今日である。故障したにしても、そんなに早く対応するものだろうか。

しかたなく昨日同様、湯にだけ浸かって浴場を出た。受付の係員に、サウナは壊れたんですか、と尋ねると、眉根《まゆね》を寄せて首を傾げた。

「オープンした当時はサウナがあったそうですが、今はもうありませんよ、というんです。三年ほど前に事故があり、撤去してしまったと。どういった事故かは訊きませんでしたが。でも、最近要望が多いので、近々また導入する予定だということでした」

湯にあてられたことで、変な幻覚を見てしまったのだろうか。しかしよりによって、そんな現実にリンクした幻視などあるものか。

ひょっとして、あれは、まさか。

気味が悪かったのもあるが、自宅の風呂も直ったので、それ以降は足が遠のき、温泉施設は一度も訪れていないという。ところが、幻視を見た日から一年ほど経ったある日、施設に新設された小型サウナで死亡事故が起きた。

ふたり用の小型サウナで、亡くなったのは禿頭の初老の男性だったそうである。

九十五　靴紐

化粧品販売員のE子さんの話である。

今から二十年前の夏のある日、小学五年生だったE子さんは、ふたりの友人と一緒に学校のプールから帰宅するために歩いていた。

いつもは通らない道を行こうということになり、通学路から外れて、田圃《たんぼ》や畑の畦道《あぜみち》を色々な話をしながら帰っていた。河川敷の土手を歩いているとき、隣を歩いていた友人が、

「E子ちゃん、靴紐ほどけてるよ」

といった。見ると、スニーカーの靴紐が左右ともほどけてしまっている。強く結んだはずなのにおかしいな、と思いながら、その場にしゃがんで靴紐を手早く結んだ。と、そのとき、視界の端に赤いピンヒールを履いた大人の女性の足が見えた気がした。

えッ、と思い、顔を上げると、そんなひとはいない。ふたりの友人が立っているだけだ。もちろんふたりとも赤いピンヒールなど履いていない。E子さんと同じ紐のあるスニーカーである。

それから十歩もいかないうちに、友人のひとりが、

「あたしのもほどけちゃったよ」

といい、その場にしゃがみこんだ。すると、別のもうひとりの友人も、

「えっ、あたしのもだ。なんでだろう……」

そういいながら、ふたりはしゃがんで靴紐を結んでいたが、ふたりの視線が同じところを見つめている。――E子さんの真横。

ふたりは顔を上げて、「赤い靴がE子ちゃんの横に見えたんだけど」といった。

自分も同じものを見たことを告げると、三人は叫びながら土手を駆け抜けた。

後日知ったことだそうだが、河川敷近くにあばら家のような民家が何軒か並んでおり、数年前からそれらの家々で変死が続いていたという。

赤いピンヒールとの関連は不明とのことである。

九十六　授業参観

会社員のK君が十歳の頃というから、今から十五年ほど前の話である。

地元駅前のロータリーにあるバス停に、幽霊が出るという噂があった。中年の女性の霊だという。誰に聞いたわけでもなく、いつしか自然と耳に入っていたとK君は語る。

幽霊を信じていたわけではないが、その手の話を聞くのはやはり得意ではなかった。もっとも噂があるだけで、幽霊を見た生徒はK君の知るかぎり、ひとりもいなかった。

ある土曜日の朝。

学校へ向かうため、いつものようにK君は駅前のロータリーを歩いていた。

その日は授業参観だった。

K君の母親も観に来るとのことで、朝からその準備で大騒ぎだった。普段着たこともないような洋服をクローゼットから何枚も引っ張りだしてきて、鏡の前で合わせている。そのために朝食も食べずK君は家を出た。

ラッシュアワーとあって、ロータリーはひとで賑わっている。これだけ活気のある場所に幽霊が出るというのは、おかしいことのように思えた。するとそのとき、バス停に並ぶ列の最後尾にいる女性が、じっとK君のことを見つめているのに気づいた。

中年の女性である。といっても、当時の彼の母親と同年代で、それほど年老いている感じではない。ソバージュのようなボリュームのあるパーマヘアで、自分で染めたのか、ムラのある茶色い髪色をしている。メイクをしていないのだろう、顔はメリハリがないような、隆起に乏しい感じを受けた。のっぺりした顔という印象である。

なぜ自分のことを見ているのだろう。知り合いなのかな。母親の知人や親戚なども片っ端から思い浮かべてみたが、誰ひとりとしてあてはまらない。

執拗に見つめてくる視線を感じながら、列の脇を通る。ちょうど女の真横に来たとき、なにか声が聞こえたが、聞き取ることができなかった。だいぶ進んでから後ろを振り返ってみると、女はまだK君のことを見ていた。バスが来たのか、列に並んでいたひとたちはすでに全員いなくなっている。バス停に立っているのは、その女ひとりだった。

学校に着くと、いつもとは異なった賑やかさである。保護者たちが化粧品や樟脳《しょうのう》のにおいをさせながら廊下で挨拶や立ち話をしている。

母親はまだ来ていないようだった。洋服選びにさぞかし苦労しているのだろう。

チャイムが鳴り、授業が始まると同時に、後ろのドアから母親が会釈をしながら入ってきた。K君が手を振ると、微笑《ほほえ》みながら母親は小さく手を振り返した。

その日の授業中、一回は先生の質問に挙手をして答えるという約束を、K君は母親と交わしていた。

科目は算数だった。先生が黒板に分数の計算問題を書いていく。

「はい、これわかるひと」

K君は手を挙げた。他の生徒より早かったので、先生に指された。立ち上がって答える。

「はい、正解。よくできたね」

すぐに後ろを振り返った。すると――。

母親がいない。いや、同じ洋服を着ているひとはいるが、顔も髪形も違う。あれは、誰だ。朝、バス停で自分のことを見ていたオバサンではないのか。そうだ、間違いない。あのひとは誰かのお母さんなのかな。しかし、まったく見覚えがない。お母さんはどこに行ってしまったんだろう。それに、女の顔色がどうにもおかしい。朝見たときはあんなふうではなかったのに。

軍服のようなカーキ色である。まるで日陰のなかにひとりだけ立っている感じだった。

すると――。

肘《ひじ》をまっすぐに伸ばしながら、女は腕を垂直に上げ、K君に向けて指を差した。

ぞッとした。周囲の母親たちを見るが、その様子に気づいているひとはいない。

慌てて前を向く。それからは授業どころではなかった。終わりのチャイムが鳴るまで後ろを振り向くことができなかった。

「終わってから恐る恐る後ろを見ました。すると母はいたんです。同じ場所に同じ洋服で。でも、少し怒ったような顔をしていて」

家に帰ってから、どうして怒っていたのかと尋ねると、

「あなた約束破ったでしょう、というんです。一回は先生の質問に答えると約束したのにって。おかしいじゃないですか。僕はちゃんと挙手して答えたんですから。母もそれを見ていたはずなんです。まるでそのときの記憶がないみたいで」

そして、彼はこう続けた。

「これはだいぶ後のことですし、お話しするようなことじゃないんですけど——」

五年ほど前、彼の母親は突然うつ病を発症し、夏のある日、自宅の物置で首を吊ってしまったそうである。

九十七　ドライブスルー

地方のファストフード店に勤めるR子さんの話である。

その日、R子さんはドライブスルーの担当だった。この店のドライブスルーは、店内に設《しつら》えられたモニター越しに受注し、素早く調理をして会計の窓口で渡す流れになっている。

いつものように注文をこなしていると、イヤホンから車が止まったセンサー音が聴こえた。お客さんだと思い、急いでモニターを見るが車は映っていない。もっとも、ひとが通り過ぎるだけでセンサー音は鳴ってしまうので、これもそれだろうな、と思った。するとイヤホンからハンバーガーのセットを注文する声が聴こえてくる。

――あれっ、やっぱりお客さんいたのか。

慌ててモニターを見るが、なにも映っていない。おかしいと感じた彼女は、注文を繰り返しながら外に出てみた。が、やはり車はなかった。

「それでも声は止まりません。モッツァレラ・チーズバーガーとポテトとアイスコーヒーってそれだけを何回も繰り返すんです。同僚に話したら、幻聴じゃないか、っていわれましたが、そんなことありません。イヤホンを取ると全然聴こえませんでしたから」

後で知ったことでは、以前、同様の現象がよく起きていたということだった。しかしこのところの数年は、そういうことはまったく起きていなかったという。

「それに、モッツァレラ・チーズバーガーって、今はもうやってないんですよ。だいぶ前に無くなったメニューですから。あれ、私も結構好きだったんですけどね」

先頃あった商品会議で、近々復活することが決まったそうである。

九十八　ワン・ナイト・スタンド

会社員のMさんは今から五年ほど前、友人たちとスペインのイビサ島に行ったという。世界遺産にも登録されている旧市街地や神々しいほどに美しいサンセットを愉しんだ後、クラブへと繰り出した。

踊り疲れ、ひとりで隅のほうで酒を呑んでいると、近くにいる三人組の女たちに眼がいった。いずれとも鮮やかな金髪で、スタイルや身のこなしもファッションモデルのようだった。世界中のパーティ・ピープルが集まる島とあって、そんな者がいてもおかしくはないが、お近づきになりたいものだな、と彼は思った。すると、そのなかのひと際眼を惹く女が、彼のほうを見てウインクをしてくる。思いもかけないことに、彼はどぎまぎしながら、ぎこちなく笑んだ。すると、女が自分のほうに歩いてくるではないか。

どこから来たのかと問われ、日本だと答えると、あなたみたいに背の高いひともいるのね、と女はいった。彼は身長が一八五センチほどあるので、意外に思ったらしい。女はノルウェーから来たといい、セルマと名乗った。この島は日光浴が目的で、クラブはついでだといって笑った。

「北欧や東欧は曇りがちなので、ビタミンD不足になるんだと。だから定期的に陽を浴びないと生きていけない、といっていました」

クールそうな見た目とはうらはらに、気さくで喋りやすく、話も弾んだ。

泊まっているホテルのバーでゆっくり呑まないか。そう思いきって尋ねると、いいわね行きましょうよ、とセルマは答えた。

「それからは想像にお任せします。しかし、問題はその後なんですよ」

友人からの電話で目覚めると、昼近くになっている。もうこんな時間かと、隣に寝ているセルマのほうを見ると、すでに帰ってしまったのか、姿が見えない。昨晩のことを思い出しながらシャワーを浴びていると、首筋に複数の赤い痣《あざ》のようなものが付いているのがわかった。キスマークのようだった。記憶にないので、いつこんなものを付けたのだろうと、ほくそ笑みながらも不思議に思った。

その後、カフェ・デルマールで友人たちと落ち合い、昨晩の出来事を話した。うわッマジかよ、と友人たちは皆羨ましがる。じゃあ例のアレ行きますか、と誰かがいい、ヌーディストビーチに向かうことになった。浜に着くと、すぐに見覚えのあるふたり組の女がMさんの視界に入った。昨日クラブでセルマと一緒にいた女たちである。ふたりともトップレス姿で砂浜に座っていた。

「ちょっと俺行ってくるわ」

Mさんがふたりのほうに向かうと、あいつ果敢だなぁ、と背後から友人たちの声。ハイ、と手をあげながら近づくと、ふたりの美女はあからさまに迷惑そうな表情をした。

「昨日、君たちと一緒にいた女性はここには来ていないのかな」

そう尋ねると、誰のことをいっているのかわからないという。誰ってセルマだよ、そう告げると、ふたりは吃驚したように顔を見合わせた。

「なぜセルマを知っているのか、というんです。その名前の友達はいたけど去年交通事故で亡くなってしまったんだ、と」

毎年このイビサ島に来るのをセルマは愉しみにしていたの、と彼女たちは語った。

お互いなにかを察したのか急に無言になり、居た堪れずにMさんはその場を離れた。

「彼女たちに担がれた可能性もなきにしもあらずですがね。もっとも、僕を騙したところで面白いことなどありませんが」

首にできた赤い痣は、一年ほど消えなかったという。

九十九　独身の理由

公務員のEさんは今年四十五歳を迎えた独身男性である。

若い頃には人並みに恋愛もし、深く交際した女性も何人かいたそうだが、いずれも結婚までには至らなかったそうだ。ひと頃は婚活のようなこともしたらしいが、必死になればなるほどうまくいかない。

「呪いのせいなんです。それ以外には考えられない」

つい苦笑しそうになり、それを私は必死に噛み殺した。

「お笑いになるでしょう。でもね、まんざら冗談でもないんですよ」

十五年ほど前のことだという。

関西旅行に行った友人が、良縁結びで有名なある神社を参拝した。数多くの絵馬が奉納されており、友人はそれをつぶさに見ながら一緒に訪れた恋人と面白がっていた。

すると――。

見慣れた名前が大きく書かれた絵馬がある。近づいてよく見ると、それはEさんの名前だった。その横には住所も書かれており、それも間違いなくEさんの自宅のものだった。

『神様どうかお願いします。殺してくれとは申しません。この男を一生結婚できないようにしてください。』

そう書かれていたらしい。最後に小さな文字で女の下の名前が書いてあった。

それを友人から告げられたが、まったく心当たりのない名前だったという。

いにしえからの作法に則り、九十九話にて完とする。

あとがき――百話目に代えて

この度は、拙著をお手にとっていただき、誠にありがとうございます。

『奇譚百物語』は、いかがでしたでしょうか。

本書をお読みになられた方は、おそらく古くからの怪談ファンの方、あるいは偶々《たまたま》読む機会があった、という方もいらっしゃるのではないかと思います。そんな多種多様な皆様の琴線に触れる話が多少でもあったのなら、著者としては、これ以上なく嬉しいことです。

この百物語が、いわゆる幽霊譚を扱った一般的な怪談集と趣を異にするのは、最後まで読まれた方でしたら、自ずとお分かりいただけるのではないでしょうか。

それはどういったことかというと、「奇妙な味」を主題に置いている、という点です。

ご存知の方も多いと思いますが、これを最初に唱えたのは、かの江戸川乱歩です。

元々は、英米のミステリーにおける非本格作品――いわゆる変格ものに対し使われた言葉ですが、変格ミステリーのなかにはホラー・ジャンルに跨《また》がる作品もあり、そういったものも「奇妙な味」の作品と看做《みな》されています。近年ではブラック・ユーモア小噺や落語のようなオチの効いたショート・ショートを「奇妙な味」とする向きもありますが、実際のところ、明確な定義はありません。あえて私が定義づけるならば、よりシンプルに、奇態で風変わりな後味の残るものが「奇妙な味」であると、そんなふうに考えています。

怪奇小説や幻想小説では、これをテーマにした作品集が、過去何冊か出版されています。代表的なところでは、江戸川乱歩編『世界短編傑作集』(創元推理文庫)をはじめ、吉行淳之介編『奇妙な味の小説』(立風書房)、文藝春秋編『奇妙なはなし』(文春文庫)、阿刀田高編『奇妙な味の菜館』(角川ホラー文庫)などのアンソロジーですが、これらはいずれも創作された小説作品です。

怪談の実録ものでこうした試みは、かつてなかったのではないか。なにか新しい切り口で提示できるのではないだろうか。そんなところから、この本の目論見は始まりました。

数年を掛けて取材してきたなかから、底味のある怖い話を、「私」というフィルターを通して採話したのが本書となります。怖さだけでなく、なんとも奇妙な味わいのある話を、可能なかぎり外連味を排し、淡々と綴ってみました。

百物語とあって、一日で読んでしまうのも大いに結構ではありますが(障りがあるともいわれますが)、もし時間が許すのであれば、一日に数話ずつ、ゆっくり読み進めていただけますと、より本書の企図を感じ取っていただけるのではないかと思います。もっとも、「奇妙な味」に感じていただけるか否かは、読み手である皆様の主観にもよってまいりますし、実話である以上、小説作品のような気の利いた展開や殊更な結末はありませんが、怪談を愛する皆様であれば、ご理解いただけるものと考えております。

最後に、今回の出版にあたり、話をご提供いただいた皆様、またご助力くださった皆様、最後まで温かくご指導いただいた担当編集氏に感謝の言葉を贈らせていただきたいと思います。

二〇一六年　年の瀬に　丸山政也

実話怪談 奇譚百物語

2017年2月4日　初版第1刷発行

著者　丸山政也
デザイン　橋元浩明(sowhat.Inc.)
企画・編集　中西如(Studio DARA)
発行人　後藤明信
発行所　株式会社 竹書房
〒102-0072 東京都千代田区飯田橋2-7-3
電話03(3264)1576(代表)
電話03(3234)6208(編集)
http://www.takeshobo.co.jp
印刷所　中央精版印刷株式会社

定価はカバーに表示しています。
落丁・乱丁本の場合は竹書房までお問い合わせください。

ISBN978-4-8019-0996-0 C0176